非上場株式に関する相続税・贈与税の問題点

応能負担原則からの考察と
分離型の導入

平野秀輔 [著]

東京　白桃書房　神田

はじめに

　筆者が「非上場株式」に関する実務対応を行うようになってから，30年以上が経過した。その評価の煩雑さ，処分の困難さ，納税に際して必要となる資金の多さから，これまでに実務家として非上場株式に心血を注いだ時間は長い。特に相続税負担に関して，日本は諸外国と異なり，長年にわたりこの部分について税制上の配慮が不足していたといえる。そして，日本においても2009年度より非上場株式等に関して，相続税・贈与税の納税猶予及び免除特例が租税特別措置法に設けられたが，その後4年間において相続税に関するその適用件数は400件未満と僅かである。これはその周知が徹底していないこともあるであろうが，筆者はその内容が非上場会社におけるニーズとは乖離しており，また適用することに多くの障害があるため，結果としてその適用が進まないと考えている。

　一方，これまでの非上場株式に関する相続税・贈与税の取扱いについては，その負担が重いという納税者側の要請を受け入れる形で法制化されているため，本来それはどのような理論から立法化されるべきかという議論が十分ではないと考えていた。筆者は現在の日本法に存在する問題点を明らかにし，租税立法のあるべき理論から，それに対する改正の方向について示唆することについて研究を進めている。そして中央大学大学院戦略経営研究科ビジネス科学専攻の博士課程において学位論文として提出したものを一部加筆して，現時点における成果をまとめたものが本書である。

　本書ではⅠに示すように，まず，日本における相続税の廃止もしくは縮小の可能性について検討した結果として，その可能性は極めて低いという判断をした経緯を記している。そこで相続税法の存続を前提として，そもそも相続税・贈与税というのは何故，そしてどのように課税すべきであるかという点について考察し，それをふまえて非上場株式の取扱いについてはどのような観点から立法されるべきかを検討した。その結果として，筆者は現時点に

おいて，憲法上の原則たる地位を有しているとされる「応能負担原則」からこの取扱いを考えており，その概要を記した。

Ⅱでは，現行の日本法の概要について，立法趣旨をふまえながらその内容を整理し，その特徴を明らかにした。そこでは，平成25年税制改正により2015年1月1日以降はその取扱いが変更されるため，改正後の内容について述べている。

Ⅲでは「遺産課税方式」を採用しているイギリスと，「遺産取得課税方式」を採用しているドイツにおける非上場株式の取扱いについて，その立法の背景を含めて述べている。そして，それまでの内容から，日本・イギリス・ドイツにおけるそれぞれの取扱いを比較し，結果として両国に比し，日本法が納税者に不利な取扱いとなっていることを明らかにした。

Ⅳでは日本法の問題点を，応能負担原則，他者の社会調査の結果や筆者の実地調査事例，イギリスおよびドイツとの比較結果，等を考慮した上で明確化し，その改正への示唆について述べている。そこでは，現行法の立法の位置付け等6つの問題点をあげ，それぞれの対応についてまとめた。特に，日本法が「非上場株式の取得者が，自ら当該会社の代表者として経営にあたる場合」のみに適用されることに対し多くの問題点を指摘し，「非上場株式の取得者と，当該会社の代表者が異なる場合（以下「分離型」という）」でも適用を認めることの必要性を強く述べている。なお，ここであげた実施調査事例は当然に件数・内容の両者から，日本における非上場会社の実態を十分に表しているとは言えないが，ある現象を説明するためには効果的であることから，ここに掲載しているものである。今後はより多くの事例を収集していきたいと考えている。

ⅤではⅣにおいて強く主張した分離型について，その導入にあたり想定される問題点をあげ，その対応について述べている。

なお，日本法の非上場株式に関する法人税・贈与税の取扱いについては，本書で述べた以外の問題点もあると考えるが，それについては現時点で筆者が認識している項目の指摘のみにとどめている。

筆者は，本書に述べた対応を取ることにより，非上場株式に関する相続

税・贈与税の取扱いについて，租税立法論からのアプローチが明確化されることになり，ひいては課税に関する判断に一つの方向性が確立されると考えている。また，分離型の導入により制度を適用する会社が増加し，それが非上場会社の健全な発展につながることを期待している。

　先に述べたように本書は，中央大学大学院戦略経営研究科ビジネス科学専攻在学中の博士論文をベースにしており，まずは，この間指導教授を引き受けていただいた中央大学法科大学院教授，東京大学名誉教授　落合誠一先生に，最大限の感謝の意を表したい。また，副指導教授を引き受けていただいた中央大学大学院戦略経営研究科教授　杉浦宣彦先生，税法判例の解釈についてご教授いただいた前国士舘大学法学部教授（現中央大学商学部教授）　酒井克彦先生の御両名からのご指導・ご助言にも感謝の意をお伝えしたい。加えて，中央大学学長　福原紀彦先生には研究会等の場を通じて筆者の研究内容について，中央大学大学院戦略経営研究科長　山本秀男先生には筆者の大学院内での活動について，それぞれ適切なアドバイスをいただいた。各先生方に心よりお礼申し上げる次第である。先生方の適切なご指導・ご助言がなければ博士課程の修了はできなかったろう。先生方のご期待にそえるよう，業務の傍ら，今後とも実務とアカデミクスの架け橋となるような研究を続けていきたい。また，いつもながら，株式会社白桃書房代表取締役　大矢栄一郎氏には無理難題を通していただき，今回も深く感謝する次第である。

　そして，3年間の博士課程在学中，自宅で無我夢中になり，深夜まで研究していても，長女と長男のいずれかは同じ時間まで起きて机に向かっており，先に寝るほうがあいさつに行くのが慣習だった。今振り返ると，二人の子供たちとそのような時間を共有できたことは，貴重な経験であったと思う。そして，それを温かく見守ってくれた妻に感謝する。

2014年7月
新しい風を感じつつ　平野秀輔

目　次

はじめに　i

I
相続税の課税根拠と非上場株式 ———————————— 1

1　相続税等が事業承継に与える影響　3
2　相続税等に関する日本の状況　4
3　納税猶予及び免除特例とその財政的妥当性　6
4　日本における事業承継税制の利用状況　7
5　相続税の課税根拠　8
　(1)　相続税の課税方式の類型　8
　(2)　日本の相続税法における課税方式　9
　(3)　日本の相続税法の趣旨　10
6　応能負担原則　11
7　応能負担原則と非上場株式　17
8　非上場会社における承継の態様　20
　(1)　「非分離・親族型」の承継　21
　(2)　「非分離・親族外型」の承継　21
　(3)　「分離型」の承継　22

II
円滑化法ならびに
納税猶予及び免除特例の概要 ———————————— 27

1　日本の相続税法の概要とそこにおける非上場株式の取扱い　28
　(1)　日本の相続税法の概要　28

    (2)　相続税額の計算方法　29
    (3)　非上場株式の一般的な取扱い　31
    (4)　キャピタルゲイン課税の取扱い　34
2　日本の事業承継税制の変遷　35
3　円滑化法と措法の内容　35
4　円滑化法に定める遺留分に関する民法特例　37
    (1)　民法特例が設けられた背景　37
    (2)　円滑化法に定める遺留分の特例の内容　38
5　贈与税の納税猶予及び免除特例の概要（措法70条の7）　40
    (1)　対象となる会社（措法70条の7②1号）　40
    (2)　対象となる株式等（措法70条の7②2号）　44
    (3)　贈与者（措法70条の7①）　44
    (4)　納税猶予もしくは免除を受ける者（措法70条の7②3号）　45
    (5)　納税猶予される贈与税額の計算（措法70条の7①）　46
    (6)　手続き（措法70条の7①）　47
    (7)　経営贈与承継期間中の報告（措法70条の7⑩）　48
    (8)　経営贈与承継期間中における納税猶予期限の終了
    　　（措法70条の7④）：猶予の取消　49
    (9)　経営贈与承継期間終了後における納税猶予期間の終了
    　　（措法70条の7⑥）　50
    (10)　猶予中贈与税の免除（措法70条の7⑯，⑰）　51
6　相続税の納税猶予及び免除特例の概要（措法70条の7の2）　52
    (1)　対象となる会社（措法70条の7の2②1号）　53
    (2)　対象となる株式（措法70条の7の2②2号）　53
    (3)　被相続人　54
    (4)　納税猶予もしくは免除を受ける者（措法70条の7の2②3号）　54
    (5)　納税猶予される相続税額の計算（措法70条の7の2②5号）　55
    (6)　手続き　57
    (7)　経営承継期間中の報告（措法70条の7の2⑩）　58
    (8)　経営承継期間中における納税猶予期限の終了
    　　（措法70条の7の2③，④）　58

(9)　経営承継期間終了後における納税猶予期間の終了
　　　（措法70条の7の2⑤）　58
　(10)　猶予中相続税の免除（措法70条の7の2⑯，⑰）　58

7　非上場株式等の贈与者が死亡した場合の相続税の課税の特例（措法70条の7の3）　59

8　非上場株式等の贈与者が死亡した場合の相続税の納税猶予及び免除（措法70条の7の4）　59
　(1)　対象となる会社（措法70条の7の4②1号）　59
　(2)　納税猶予もしくは免除を受ける者（措法70条の7の4②3号）　59
　(3)　納税猶予される相続税額の計算（措法70条の7の2②4号）　60
　(4)　経営相続承継期間（措法70条の7の4②5号）　60
　(5)　その他　60

9　日本の納税猶予及び免除特例が「非分離型」を採用している理由　60
　(1)　中小企業庁における承継の考え方　61
　(2)　農地の納税猶予との対比　63

10　非上場株式等に係る納税猶予及び免除特例のまとめ　64

Ⅲ　イギリス・ドイツにおける非上場株式に関する相続税・贈与税の取扱いと日本法との比較　75

1　イギリスにおける相続税法と非上場株式の取扱い　76
　(1)　イギリスにおける相続税法のあらまし　76
　(2)　イギリスにおける生前贈与の規定　79
　(3)　イギリスにおける財産評価の概要　83
　(4)　IHTとCGTの関係　83
　(5)　イギリスにおけるBPRの概要　84
　(6)　非上場株式に関する取扱い　88
　(7)　イギリスにおける制度の特徴　93

2　ドイツにおける相続税法と非上場株式の取扱い　94

(1)　ドイツにおける相続税法のあらまし　94
　　　(2)　ドイツにおける生前贈与の規定　98
　　　(3)　ドイツにおける財産評価の概要　99
　　　(4)　ドイツにおける株式譲渡益課税の概要　101
　　　(5)　ドイツにおける事業承継税制　101
　　　(6)　非上場株式に関する取扱い　108
　　　(7)　特別控除に関する最近の動向　112
　　　(8)　ドイツにおける制度の特徴　115
　3　3国間の比較　115
　　　(1)　相続税の課税方式と概要について　116
　　　(2)　非上場株式の評価　117
　　　(3)　非上場株式に関する恩典の要件　118
　　　(4)　生前贈与　120
　　　(5)　キャピタルゲインの取扱い　121

Ⅳ 日本法における問題点とその対応　131

1　円滑化法に定める遺留分に関する民法特例の問題点とその対応　132
　　　(1)　円滑化法における後継者の範囲　132
　　　(2)　納税猶予及び免除特例における経営承継受贈者・経営承継相続人等の範囲　132
　　　(3)　民法における遺留分の算定　133
　　　(4)　問題点とその対応　133

2　納税猶予及び免除特例に関する問題点とその対応　134
　　　(1)　実地調査について　134
　　　(2)　租税特別措置であることに関する問題とその対応　151
　　　(3)　中小企業基本法のもとでの制度である問題とその対応　154
　　　(4)　課税方式への準拠性（移転者と取得者の概念）の問題とその対応　154
　　　(5)　適用される議決権の所有割合の問題とその対応　155

(6) 株式の評価に関する問題とその対応　157
　　(7) 「非分離型」の問題とその対応　160
　　(8) 日本法の改正への示唆，及びその他の疑問点　167

V 分離型の導入に際しての対応 ─── 171

1 「分離型」の導入にあたっての問題点　174
　　(1) 経営者としての要件　174
　　(2) 株式の継承者としての要件　175
2 コミュニケーションに関する要件の設定　176
　　(1) 経済産業局に提出する「事業継続の状況等についての報告書」にその内容を記載させる　176
　　(2) 株主評議会を設置する　177
3 種類株式の発行　187
4 現実的な対応　188

おわりに　191

I

相続税の課税根拠と非上場株式

日本における中小企業者数のうち会社組織で営まれているのは，2009年において約177万社であり，そこにおける雇用は2,132万人で，大企業も合わせた全雇用のうち59.4％を占めている[1]。現代のようにグローバル化が進み産業の空洞化が進む中で，雇用の機会を確保し，日本経済の継続的な発展を続けていくためには，これら中小企業に関する環境をより整備することが重要と考えられる。その一方で，日本における人口構成は少子・高齢化が進展し，同じように高度経済成長期に創業した多数の中小企業経営者も高齢化が進み，世代交代の時期を迎えている[2]。ここで，日本の中小企業にとって大きな問題のひとつとなっているのが事業承継問題とされており，それを認識している経営者は，全体で4割強に上っているとされる[3]。

　ここに事業承継（Succession）とは，Collins（2012, p. 28）によると，「主としてリーダーシップをひとつの世代から次世代に承継するものである」とされているが，実際にはリーダーシップ，すなわち経営権だけでなく，事業に関連する財産（株式会社においては株式）についても次世代に承継することになる。

　事業承継における問題としてはさまざまな事項があげられるが，企業の内部要因ではなく外部要因として筆者が業務を通じて最も問題として認識しているのが，「相続税・贈与税（以下「相続税等」という）の税金負担が重い」というものである。それは，商工中金（2009, 11頁）によれば，「事業承継の際に想定される問題」についての質問に対し，内部要因と考えられる「事業の将来性が不安」，「会社を経営するのに十分な力量がない」というものに次いで「相続税などの税金負担が重い」という回答が多かったことからも明らかであり，中小企業でも比較的規模の大きな企業においてその傾向が強くなっている[4]。

　つまり，中小企業が発行する株式はそのほとんどが非上場であり，それについての相続税等に関する整備を行うことは，日本経済の継続的な発展を続けていくためには重要であると考えられる。そこで本書は，現在の日本法の問題点を明らかにするとともに，その改正への方向を示唆するものである。

なお，相続税等の税金負担が重いということに関しては，中小企業基本法に定める中小企業者にとどまらず，すべての非上場会社の株主に当てはまるとも考えられる。よって本書では，中小企業者である会社が発行する株式のみならず，中小企業者に該当しない非上場会社が発行する株式全般についても考察することとした。

また，相続税などの租税負担が重いということからすれば，法人格を持たない個人事業主や他の法人形態も同じではあるが，上場していない事業体として多数を占めるのが非上場の株式会社であるため，本書ではそれに限定して述べている。

1 相続税等が事業承継に与える影響

非上場株式を取得した者について相続税等の税金負担が重くなる原因は，当該株式が課税対象となり，これらの評価額について相続税等が課されるためである。

非上場株式を相続した者や贈与された者が，当該株式の他に納税可能な資産を有していない場合には，外部から資金調達をして納税するか，当該株式を第三者もしくは会社に（自社株として）買い取らせるか，当該株式を国に物納するかということになる。外部から資金調達をした場合には，その株主の財産状態を著しく悪化させることが考えられ，他の場合でも大株主の移動や会社財産の流出という事態が生ずる可能性があり，非上場会社の経営に大きな不安定要素を与えることになる。また，最悪の場合には会社の清算が行われることも想定される。つまり相続税等の存在が事業承継に大きな障害となっていることは明らかであり，種類株式の発行や信託を利用し，会社の議決権の安定化を図ることにより事業承継を円滑化させようとしても納税の問題は解決されない。

このように，相続税等は事業承継に大きな影響を与えていると考えられるが，単純には，それが廃止になればかような問題は解消されるということに

なる。しかし以下に述べるように，日本においてはそのような状況ではないといえる。

2　相続税等に関する日本の状況

　世界の情勢を見ると，まずOECD加盟国において，オーストラリア，カナダ，ニュージーランド，メキシコなどには相続税等が存在せず[5]，さらに，事業承継協議会（2007，10頁）によると，中国，インド，マレーシア，ベトナムにおいても同様である。また，アメリカにおいては2010年時点では相続税が課税されていない[6]。このような情勢をふまえて日本においても相続税を廃止したらどうかという考えもあるが[7]，それは「財政上の観点」とそれに伴う「公平な税負担の配分」，ならびに「富の再分配という観点」から考察すると，その可能性は極めて低いと考えられる。

　まず財政上の観点からは，2012年度末で日本には長期政府債務の残高が約769兆円存在し，GDPに対するその割合は161％と主要国の中でも飛び抜けており，国民1人当たりに換算するとそれは約603万円に上っている[8]。それに対し，日本の家計における金融資産は2012年12月末で約1,544兆円であり，そこから金融負債を控除した金融資産・負債差額は約1,190兆円で[9]，このうちの貯蓄額については世帯主が60歳以上の世帯が占める割合が全体の65.7％とされている[10]。一方で，国税収入における税目別の内訳は平成24年度決算値において概数で，所得税は約14兆円，消費税は約10.4兆円，法人税は約9.8兆円であるのに対し，相続税は約1.5兆円にすぎず[11]，税収全体に占める相続税の割合は他の国税に対して低くなっている。そこで，日本における国家財政再建の一助として，高齢者層の金融資産を相続税によって徴収し，それに充てるということが現実味を帯びてくる。

　また，公平な税負担の配分として，水野（2011，633頁）によれば，「少子高齢化社会のもとで，かつては家族内で行っていた老後扶養や介護が社会全体でなされるシステムが作られつつあり，社会保障のために相続税が引き上

げられることが適正である。」としている。事実，平成21年度税制改正とされる所得税法等の一部を改正する法律（平成21年法律第13号）附則104条③5号では「資産課税については，格差の固定化の防止，老後における扶養の社会化への進展の対処等の観点から，相続税の課税ベース，税率構造等を見直し，負担の適正化を検討すること。」としており，このような背景を受けて，平成25年度税制改正)[12]では，2015年より相続税の基礎控除を現在の60％に縮小するとともに最高税率を上げ，その増税の方向をはっきり示している[13]。ただし，一方では20歳以上の直系卑属に対する暦年課税分の贈与税についてはその累進税率を緩やかにし，あるいは，祖父母からの贈与についても相続時精算課税制度を認めることによって生前贈与の円滑化を図り[14]，高齢者の所有する財産の若年層への移動をも促すものとなっている[15]。このように日本の現状における相続税等は，廃止はおろか増税の方向であり，その見返りの一部として生前の財産分与については特例を設け，若年世代への財産の移動を促進し，経済活性化の一助としようとしている。

　「財政上の観点」とそれに伴う「公平な税負担の配分」からの相続税の必要性については上記のとおりであるが，もともと財政的に問題がなくとも，相続税は課されるべきだとする考え方もある。これは「富の再分配という観点」に立つもので，例えばRawls（1999, p. 245）によれば，政府の分配部門における任務の一つとして，「相続税と贈与税を課し，遺産の権利に制約を設けることがある。この課税や規制の目的は歳入を増やすこと（政府に諸資源を渡すこと）ではなく，政治的自由の公正価値と公正な機会の均等について有害となる権力の集中を避けるため，段階的かつ継続的に富の配分を修正することである。」とされており，日本のように財政的事情がなくても，相続税は政治的自由の公正な価値や機会の公平な平等を害するような権力の集中の防止のために必要であるとしている[16]。この意見と同様なものとして，例えば持田（2009, 73頁）では，「遺産や生前贈与という形で逆向きの所得再分配が行われることにより，世代間の不公平はある程度相殺される。」としている。

さらに両者を合わせた意見として，金子（2013, 82頁）は，財産に対する課税は「公平な税負担の配分ならびに富の再配分の要請によりよく適合している。」と記しており，このようにしてみると，少なくとも現日本においては財政上の観点から相続税の増税が必要とされ，それは富の再配分にも寄与すると考えられるため，現時点において相続税を廃止することはないと考えられる。

日本における相続税の最高税率は2015年より，課税対象財産が3億円超の場合50％，6億円超では55％となる。つまり，基礎控除や段階税率について考慮しなければ，被相続人の所有していた非上場株式が3億円超で評価された場合には，評価額の半額以上を相続税額として納付しなければならないことになる。

3 納税猶予及び免除特例とその財政的妥当性

事業承継を円滑化させるために，相続税等について特別な規定を置く制度は一般に「事業承継税制」といわれており，日本においてもかねてよりその必要性が提唱されていた（Ⅱ2，3参照）。

その必要性に対応するため，「中小企業における経営の承継の円滑化に関する法律」（以下「円滑化法」という[17]）が2008年5月に成立し，同年10月1日から施行され，これを受けて円滑化するための相続税法の特別措置として「非上場株式等についての贈与税の納税猶予及び免除（租税特別措置法（以下「措法」という）70条の7）」，「非上場株式等についての相続税の納税猶予及び免除（同70条の7の2）」，「非上場株式等の贈与者が死亡した場合の相続税の課税の特例（同70条の7の3）」，「非上場株式等の贈与者が死亡した場合の相続税の納税猶予及び免除（同70条の7の4）」（これらを総称して以下「納税猶予及び免除特例（Grace of tax payment under the special provisions of the Act on Special Measures Concerning Taxation）」という）が制定・施行されている。

Ⅱにおいて述べるように，日本の納税猶予及び免除特例はその適用要件として，80％以上の雇用人員を，承継後5年間は平均して維持することを求めている。つまり，承継に伴う雇用機会の喪失を防止することを条件にして，課税の恩典を与えている。

　かような事業承継税制が，日本の国家財政に与える影響は，さほど大きくないと筆者は考えている。何故なら，家計における金融資産中の非上場の株式等の額（特殊法人に対する出資金を含む）は2012年12月末で約42兆円であり[18]，それは金融資産・負債差額である約1,190兆円の約3.5％を占めるにすぎないからである。さらに，事業承継協議会（2007，8頁）によれば事業承継税制を導入することにより，「事業活動が活性化して税収もトータルでは増加するはずとの指摘が複数の委員からなされた。」ということから，事業活動が活性化することによって他の税収が増加すれば，より国家財政に与える影響は軽微なものとなると推測される。

　また，「社会保障の安定財源の確保等を図る税制の抜本的な改革を行うための消費税法の一部を改正する等の法律」[19]においても「事業承継税制については，中小企業における経営の承継の円滑化に関する法律に基づく認定の運用状況等をふまえ，その活用を促進するための方策や課税の一層の適正化を図る措置について検討を行い，相続税の規定と併せて見直しを行うこと」（同7条第4項イ）となっていることから，納税猶予及び免除特例等の事業承継税制をより推進していくことに関しては，それが一定の理解を得ていると考えてよいであろう。

　しかしながら，以下に述べるように，現時点で納税猶予及び免除特例はあまり利用されていないのも事実である。

4　日本における事業承継税制の利用状況

　円滑化法ならびに納税猶予及び免除特例は，「まさに，権力行政から福祉行政への転換としての新事業承継と呼ぶのに相応しい経緯及び内容」である

との評価もあったが[20]，一方では，制度の複雑さや，予期せぬ将来負担増が生じるとの指摘[21]があり，さらに，法律の制定に際して周知が十分ではなかったためか，法の適用初年度である2009年度において，この法律に関し経済産業省が認定した中小企業者数は，民法特例の適用に係る認定が16件，相続税に係る認定が153件，贈与税に係る認定が29件にとどまっており[22]，実務界の状況を見ても円滑化法が定着したという状況にはなっていないと考えられる。このことは相続税批判の底流にもなっており[23]，そこで，前述した平成25年税制改正では，制度の利用を促すために大幅な改正を加えたとされている。

しかしながら，Ⅳに述べるように，平成25年税制改正をもってしても，それは中小企業におけるニーズや，すでに長い歴史を有する他国の事業承継税制の内容とは乖離しており，いまだに多くの問題を抱えていると筆者は考えている。

5　相続税の課税根拠

適切な事業承継税制が存在しない限り，相続税等は事業承継に影響を与え続けることになる。そこであるべき事業承継税制を考察するために，そもそも相続税等というのは何故，あるいはどのように課税すべきであるかという点について，今一度考察すると以下のようになる。

(1)　相続税の課税方式の類型

相続税は，相続や遺贈により取得された財産に課される租税であり，贈与税は無償もしくは時価より低い価額で個人に財産が移転する場合にその財産に課される租税である。相続税のみが課されている状況では，生前に財産を贈与することによってその負担を容易に回避することができるため，相続税の回避を封ずることを目的として贈与税が採用されたという歴史的背景が各国においてあり[24]，日本においても相続税法の中に贈与税の規定が含めら

れている。

ここで相続税の課税方式には，大きく分けて「遺産課税方式」と「遺産取得課税方式」との二つの類型が存在するとされている[25]。遺産課税方式とは，遺産全体を課税物件として，被相続人の一生を通じた税負担の清算を行い，被相続人が生存中に蓄積した富の一部を死亡にあたって社会に還元するという考え方に基づくものであり[26]，原則として遺言執行者等が納税義務者となる。これは主にアメリカ[27]及びイギリス[28]において採用されており，この類型における相続税は本来の意味における財産税であるとされている。一方，遺産取得課税方式とは，相続・遺贈により遺産を取得した者を納税義務者として，その者が取得した遺産を課税物件として課税する方式で，相続等という偶然の理由による富の増加に担税力を見出して相続人等に課税することにより，富の集中の抑制を図るという考え方に基づいている。これは，ドイツ[29]やフランス[30]といったヨーロッパ大陸諸国において採用されており，この類型における相続税は実質的に所得税の補完税であるとされている[31]。

(2) **日本の相続税法における課税方式**

日本の相続税法は，1905年に採用されて以来，遺産課税方式の体系を用いてきたが，1950年のシャウプ勧告に基づいて遺産取得課税方式に移行した。しかし，1958年改正により遺産課税方式と遺産取得課税方式の折衷となった[32]。つまり，基本的に遺産取得課税方式を採用しているが，相続税額全体は各相続人が法定相続分通りに相続した場合の金額と等しくなるようにされており，遺産課税方式と遺産取得課税方式の両方の要素を加味しているとされている[33]。

これは，1つには，相続税の負担を減少させるために，実際の遺産分割を隠ぺいして均分相続を行ったように仮装するなどの回避行為を最初からなくすことを目的とし，2つには，農村などで，一人の子供が遺産の大部分を相続する場合に当該子供の税負担が過重になりすぎるのを防ぐことを目的とし

たものとされている[34]。

　それでも日本における相続税及び贈与税の納税義務者は財産を取得した個人であり（相続税法1条の3），取得者の担税力の増加という点に着目して課税されている。渋谷（2004, 183頁）によればドイツの相続税法と比較して，「法定相続人の数により税負担が変わる遺産税」という見方もあるが，法定相続分通りに相続した場合と同額の相続税額とした背景は遺産課税方式の考え方によるものではなく，かつ，財産の取得者が納税義務者であることを考慮すると，やはり日本の相続税は実質的に遺産取得課税方式を採用していると考えられる。

(3)　日本の相続税法の趣旨

　現行の相続税の方式を提言した昭和32年12月の「相続税制改正に関する税制特別調査会答申」では，「被相続人の遺産に対してその額に応じ累進税率で課することにより富の集中を抑制するという社会的な意味を有するものである。」とされており，相続税の課税根拠として「富の集中の抑制」をあげている。

　しかし，一方で憲法第29条では「財産権は，これを侵してはならない。」とされており，財産そのものの一部を税として吸収することについてはそれに抵触しないのかという議論が生じる。これに対し，三木ほか（2013, 9頁）ではシャウプ勧告当時の課税当局の解説から，「相続税の課税を妥当な理とする根拠については，種々の学説があるが財産の不労所得に特別の担税力があるとする観点に立脚する説が最もよく相続税の本質を現しているものと考える」という部分を引用し，また，「この根拠は1900年のシャンツの相続税構想以来多くの支持を得てきているものであるが，「自ら稼得したものに課税されるなら，偶然に取得したものを免除するわけにはいかない」というシャンツの指摘は明快である」として，憲法上の問題も解決するとしている。

　これに同じ意見として金子（2013, 81頁）によれば，憲法14条①の平等原

則は，課税の分野においては，「担税力に即した課税」と租税の「公平」ないし「中立性」を要請するものであり，「税負担が担税力に即して配分されなければならないことは，今日の租税理論がほぼ一致して認めるところ」[35]とし，そこにおける「担税力」とは，各人の経済的負担能力であり，この基準としては，所得・財産及び消費の3つをあげることができるとしている。

つまり相続税は，「富の集中の抑制のために，不労所得について担税力がある場合に課税される税」ということになる。すると一方で，たとえ不労所得であっても「担税力がない場合」には，それに対して相続税を課すべきではないことになる。

6　応能負担原則

金子（1972，20頁）では，「一九世紀の末以来，租税を負担することは国民の義務であり，税負担は各人の担税力（Leistungsfähigkeit, ability to pay[36]）に応じて国民の間に配分されるべきだ，という考え方が強くなった（能力説）。公平な税負担の配分の基準としての担税力の概念は，最初，ワグナー等のドイツ社会政策学派の財政理論によって強調されたが，その後，連邦所得税の採用の過程でアメリカに導入されて，総合累進所得税を根拠づける観念として指導的役割を果たし，税制を支配する基本的観念として確立するに至ったのである。今日では，「担税力に即した税負担の配分」という観念は，アメリカのみでなく，多くの国々で，租税立法についても，租税法の解釈，適用についても依拠すべき最も重要な準則と考えているのである。」としており，増田（2013，17頁）ではこれを「租税公平主義」とし，「担税力（担税力は租税の負担能力を意味する）に応じた課税を実現できるよう租税法の立法過程を統制する立法原理ともいえる」としており，さらに同18頁では，「この正義の理念ともいえる「担税力に応じた課税」を実現することを目的として所得税法も，法人税法も，さらには相続税法も立法されているのである。」としている。

この「担税力に応じた配分（もしくは負担）」は「応能負担原則（ability-to-pay principle）」といわれ，吉村（1990, 353-354頁）ではそれを以下のように詳述している。

　「応能負担原則（Leistungsfähigkeitsprinzip, Ablity-to-Pay principle, principe de la proportionnalité de l'imposition），すなわち「担税力に即した課税」の原則は，もともと財政学の分野における租税配分の原則として長期間にわたって発達してきたものであるが，今日，法律学の一分野である租税法学においても，租税法秩序を規律する原理として妥当することは世界的にみて大多数の学説によって承認されており，各国の憲法上明文で応能負担原則が法定されている例も稀ではない。また，わが国やドイツ連邦共和国のように，応能負担原則の憲法上の明文の根拠規定が欠けている場合であっても，学説・判例は，専ら憲法上明文規定の存在する平等原則（日本国憲法第14条1項，ボン基本法第3条1項）から応能負担原則を演繹している。すなわち，憲法上規定された平等原則は，租税実体法の分野において国民の間で租税負担が平等に配分されなければならないことを要請するものであるが，国民の担税力（能力）に応じて租税負担を配分すること（応能負担原則）こそが租税実体法の分野における平等原則の帰結である，とされるのである。したがって，その限りにおいて，応能負担原則は，今日では憲法上の明文規定の有無を問わず憲法上の原則たる地位を有しており，多かれ少なかれ租税法律の立法における立法者裁量の余地を限界づける機能を持っていることが租税法学の学説ないし判例上世界的にほぼ承認されているということも不可能ではない。」

　さらに，北野（2008a, 63頁）では「租税立法のあり方に関する実態的原理としては，実は以上の憲法の応能負担原則しか存在しないのである。」と強く述べ，同65頁では「応能負担原則の趣旨に反する租税立法は，憲法理論的に好ましくないということになろう。」と述べている[37]。

　また，上記で触れているドイツであるが，実際にBirk（2013, p.1592）では，「応能負担原則を憲法から解釈するならば，それは一般平等原則から引

用される。事実，連邦憲法裁判所は何度も応能負担原則を平等原則から導き出し，それを当然の扱いとしている。」記載しており，基本的に日本と同様の解釈をしているといえる。

このように，「応能負担原則」は憲法に沿った租税立法に関する原則であることは通説であり，日本だけではなく世界的にも認められた考え方であるといえる。

担税力に応じた課税の基本的な考え方は，増田（2013，20頁）によれば，「等しい担税力を持つ人々は等しく租税を負担し，異なる担税力を持つ人々は異なる租税負担を負うことを求めるというものである。前者が水平的公平を意味し，後者が垂直的公平を意味する。」とされ，金子（1972，21頁）によれば，「憲法十四条の趣旨からして，水平的公平の維持が憲法上の要請であることは明らかである」とし，また後者の垂直的公平についても「憲法が否定していないばかりか，暗黙の前提としているところであると解することが可能」としており，これにより累進税率の適用を正当化し，相続税法においても累進税率が適用されていることには問題がないものとされる[38]。

さらに「担税力」について詳しく見ると，中里ほか（2012，17頁）によれば，「より精確にはⓐ所得・消費・資産など各人の経済状態を把握する指標を与える概念と，ⓑ（ⓐによって計測された）経済力の差異を租税制度がどのように扱うべきかという道徳的基準（分配的正義）とに分解して考えるべきである。」としている。

ここに，分配的正義（distributive justice）であるが，Rawls（1999）ではまずp. 4において，「社会的協働（social corporation）によって，それぞれが独力でひとり暮らし続けるのと比べて，よりよい生活を送れる」ことをあげ，前提として社会的協働が不可欠であるとしている。p. 5では「各人は正義に関して，一定の構想を抱いていると言いうる。換言すれば，次のような特質―基本的な権利と義務を割り当て，社会的な協働の便益と負担との適正な分配とみなされるものを決定するという特質―を有する一組の原理が必要であることを，人々は理解しかつその諸原理に賛同する覚悟ができてい

る。」としている。これらのまとめとして井上（2011，4頁）では，社会的協働のための分配的正義とは，「社会の基本構造（制度）をよりよく秩序づける」ことで，「具体的には権利と義務を割り当て，社会的協働の利益と負担を適切に分配する制度配置」であるとしている。

　ここで「経済力の差異」と「分配的正義」の関係についてより詳しく考えてみよう。まず「経済力」であるが，国などに対してこの用語を使う場合には，経済規模を指すと考えるが，ここでは個人あるいは資産に対して考慮され，かつ，税を負担することに関する概念であるから，「当該個人の収入や財産を貨幣価値で現したもののうち納税に用いることができるもの」と考える。すると「経済力の差異」とは「貨幣価値で現したもので納税ができる額の差異」であり，税負担においては「経済的負担能力」ともいえるであろう。

　すると，単純に「経済的負担能力が大きい」場合には，分配的正義によって協働の便益に供するために垂直的公平（vercical equity）に基づく累進税率を用いて，より大きな負担を求めることにもつながることになる。

　Rawls（1999, pp. 141-142）によれば，「われわれは，遺贈を規制し相続を制限するという発想をミル（や他の論者たち）から借りてくることにする。こうした規制や制限を行うためには，遺産そのものを税の対象にする必要性はないし，遺贈により与えられる総量を制限する必要もない。むしろ，累進課税の原理が受取人の側で適用される。相続によって取得したり，贈与や寄付を受けたりする人々は，受領した価額や受取人の性質に応じて税を納める。」としている。ここでは，「資産そのものを税の対象にする必要性はない」，「受領した価額や受領した受取人の性質に応じて」としていることから，遺産取得課税方式がそれにより適合すると考えられる。前述のように日本法も実質的に遺産取得課税方式を採用していることから，それを前提として以下の記述を行う。

　まず，財産を貨幣価値で表すためには評価が行われ，財産価値を評価したものを「評価額」という。留意すべきはこの「評価額」について，納税者側

におけるその使用状態などを考慮し，負担能力が劣るとした場合には予め評価額を下げて算定するかということである。

　これについてであるがⅢ 2 (5)で詳述するように，ドイツ連邦憲法裁判所は2006年11月7日判決において，財産について評価がその種類によって異なり，その結果を統一的な税率表を用いて相続税額を計算することは，平等原則（Gleichheitssatz, principle of equality）に反するために違憲であるとし，基本的にすべての財産の評価を通常価額によって行うことを要請している。

　これから考えるに，その取得者の財産の使用状況等を考慮して評価額を求めてしまうと，社会的協働の利益と負担を適切に分配する際に誤ってしまうこともあり得るため，基本的に使用状況等は考慮せずに行われるべきであると考える。

　そこで「経済的負担能力」をさらに詳しく考えると，それは，①負担能力は単純に評価額だけで決められるのか，及び，②負担能力としてどこまでの範囲を考えるか，ということが問題となる。例えば，単純な贈与の暦年課税（Ⅱ 1 (2)参照）で考えてみよう。

　まず贈与者Ａがある財産を直系卑属以外の者であるＢに贈与し，その財産の評価額は1,110万円であったとする。ここではＢに対する通常の贈与税額は以下のように計算される。

　　（1,110万円－基礎控除額110万円）×40％－125万円＝275万円

　ここで，贈与された財産の評価額1,110万円が換金されるなど，全額が何の障害もなく納税に用いることができるのであれば，275万円は負担可能であるから，その全体について「経済的負担能力がある」といえる。しかしＢがこの財産を換金しないでそのまま使用する場合には，その行為を「分配的正義」からどのように判断するか，つまり「租税以外で社会的協働の利益と負担を適切に分配される部分」をどのように扱うかを判断することになる。そこでは，当然に租税以外の方法で当該財産のうち一部でも社会的協働の利益に資する部分があれば，それについて課税することは，二重の社会負担と

なることから厳に避けなければならない。一方で，資する部分がない場合には，評価額の大きさに応じてそのまま課税されることになる。

　当該使用自体が，「租税以外に社会的協働の利益と負担を適切に分配する部分がある」と判断されれば，この財産の評価額のうち当該部分については既に社会的に負担しているので，税については「経済的負担能力がない」ことになり，Bは275万円の一部については納税義務を負わなくてよいことになる。逆に当該使用のすべてについて「租税以外に分配する部分はない」と判断されれば，その財産が換金されるか否かに関わりなく，取得した財産全額について「経済的負担能力がある」ことになり，Bは他の財産を処分してでも275万円全額の納税義務を負うことになる。

　つまり，「①の問題」については「負担能力は単純に評価額だけで決定されるものではなく，社会的協働のために使用される場合には，その利益と負担を適切に分配される部分を考慮し，租税以外に負担する部分があるかどうかを判断しなければならない」ということになる。

　一方，Bに生活上必要とはされない財産が500万円あったとする。すると取得した財産を社会的協働のために使用するために換金しなくとも，Bは当該500万円の財産を使えば275万円全額の納税が可能となる。よって，取得した財産以外も負担能力の範囲に含めるという考えをするならば，これは「負担能力がある」ということになる。しかし，そうした場合には，この贈与によって生ずる税負担が，もともとBが所有していた私有財産を侵害することとなり，憲法第29条に違反すると考えられる。

　つまり，「②の問題」については「負担能力は課税原因となる取得財産の範囲内」で考慮することになろう。

　すると相続税法における担税力は，「まず相続によって取得した財産を評価し，その使用状態が把握される。次に，その取得した財産の使用状態について社会的協働の観点から判断する。」ことによって決定されることになる。

　つまり，相続税法上における応能負担原則の適用とは，「取得財産の範囲内で，社会的協働をも考慮したうえで担税力を測定し，その範囲内で課税さ

れる。」ことであると考えられ，仮に相続人間で同じ評価額の財産を相続しても，その担税力が異なった場合には，両者を一律に課税すると，水平的公平（horizontal equity）を歪めることになる。

　さらに租税以外の方法で社会的な協働の負担に供する部分については，当然に垂直的公平とされる累進税率が課される対象ではないが，実際に納付すべき税額を計算する際には留意が必要となる。例えば，いったん全体で税額を計算して，社会的協働の負担に供する部分について，税の徴収を猶予・もしくは免除をしようとしても，累進税率の適用がある場合には当該部分の評価額を加算すると，税率が乗じられる財産の評価額全体が大きくなることになり，結果として適用される税率が上がってしまう。すると，残されたそれ以外の財産の部分については，当初からその部分だけを取得した場合より高い税率で計算されて納税することになってしまい，やはり水平的公平を歪めると考えられるからである。よって，そもそも担税力が劣るとされる範囲については，当初より税額計算の対象となる財産の範囲に含ませるべきではない。

　この応能負担原則を，非上場株式について当てはめると次のようになる。

7　応能負担原則と非上場株式

　まず，甲が相続によって取得した非上場のA社株式が1億円で評価されたとする。A社株式が非上場で自由に売却できる市場がないということ自体では，それがすぐに担税力が劣ることにはつながらない。上場市場が存在しない資産は非上場株式だけではなく，むしろ相続財産では土地や建物のように取引所相場がないものの方が多い。さらに土地や建物等の資産であっても，都市部のそれのように比較的換金が容易なものもあれば，地方におけるそれは相対的に換金性の低いものもある。つまり，それらについて適切な評価額が算定されている限りは，評価額までの負担は可能であるといったんは判断されることになる。

次にA社株式について甲における使用状態が把握される。甲がA社株式について継続保有する意思がない場合には、その後の検討は不要となり、評価額である1億円の全額について累進税率によって相続税が計算される。一方、甲が取得後も継続保有する意思がある場合には、それについて「租税以外に社会的協働の利益と負担を適切に分配される部分があるか」という判断をすることになる。するとここで、非上場株式について「租税以外に社会的利益と負担を適切に分配される部分」とは何か、を考えなければならない。

　そもそも非上場会社が存在すること自体は経済活動を行い、社会に付加価値を生み出しているため、その存続には社会的利益があるといえるであろう。しかし非上場会社を存続させるためには「経営の安定」が必要となり、このためには単に少数株式を保有するだけではなく、「一定の議決権」を保有し、社会的利益のためにそれを行使する必要があろう。ここで、取得者が少数の議決権しか保有していない状況では、他の株主等によって会社が清算される可能性があり、それがなされた場合には非上場株式は流動化（Liquidation）し、単なる貨幣となってしまう。その結果として会社の存続という社会的利益が失われてしまうことに対する十分な対応ができないばかりか、非上場株式が貨幣化することにより担税力が実質的に上がることになり、これに特別な配慮をすると、かえって課税の公平が保たれないことになるため、その際には継続保有する意思があっても、担税力が劣るとは見做されないことになろう。

　なお、一定の議決権について、「総議決権に対しどれほどの割合」が必要とされるのか、という議論が生ずるが、基本的には非上場株式の流動化を防ぐために、他の株主の意思決定で会社を清算されないように、当該決議が諮られた場合に、それを否決するのに必要とされる議決権数である。この議論はⅣ2(5)において詳しく述べているため、ここでは、流動化を阻止するのに必要とされる一定の議決権を「有している（付されている）」・「有していない（付されていない）」にとどめるものとする。

　よって、甲が取得したA社株式について、一定の議決権が付されていない

場合には，この段階で当該株式については担税力が劣るとは言い切れないこととなり，1億円の全額について累進課税により相続税が計算される。

それに対しA社株式に一定の議決権が付されている場合には，担税力が劣る可能性があり，まさに，ここにおいて1で述べた相続税等が事業承継に与える影響は具現化する。ただし，一定の議決権が付されている場合であっても，その非上場会社がただ一定期間存続するだけでは，租税以外に社会的協働の負担をすると判断されるべきものではないと考えられる。つまり，その非上場会社が規模を縮小して，単に会社の延命を行っているような状況では，十分に社会的協働の負担をするとは考えられないからであり，それに加重する要件が必要となる。

ここで，非上場会社における社会的協働の負担が課されていることを最も明確に示す尺度として，「雇用の維持」があげられる。つまり非上場株式の相続という事態が生じても，従業者の雇用を維持するならば，雇用の安定という明確な社会的負担を負うと考えられる。つまり，担税力が劣る場合の加重要件としては雇用の維持が，最も客観的かつ重要なものと考える。

そこで雇用の維持を図るために，非上場株式の取得者自らが経営者となり，これに努めることも考えられるが，法定相続人等の取得者が，常に代表者としての資質を有しているとは考えられない。むしろ，その議決権を生かして，より能力のある者に経営を委ね，安定した議決権をもってその者をサポートする方が，かえって雇用が維持される可能性が高い場合も考えられるので，取得者が自ら経営者となることの要件を加える必要はないと考える（ただし，Ⅱにおいて述べるように日本法はこのような扱いにはなっていない）。

よって，非上場株式の相続等による取得について担税力が劣る場合とは(1) 一定以上の株式を継続保有し，かつ，(2) 雇用水準を維持する場合，と考えられる。

すると，A社が継続して雇用を維持する場合には，A社株式という資産については担税力が劣ると判断されるので，甲の負担する相続税額は，取得し

たA社株式の評価額である1億円のうち，一部についてのみ課税対象とされて，税額が算定されることになる。

このように応能負担原則の観点からは，(1) 及び (2) の要件を満たした非上場株式については評価額全体について相続税・贈与税を課して（計算して）はならないこととなる。つまり，両要件を満たした場合には，それらは課税理論上からは当然に減額されるということになり，わざわざ政策上の配慮から課税上の恩典を与えるというアプローチは必要とはならない。本書ではこの立場に立って，日本法の問題点を考察している。

ただし，両要件を永久に求めることは困難であるばかりか，どのような個人や会社でもそれを保証させることは不可能であるため，継続保有及び雇用水準の維持について，財産の取得後，一定の期間を設け，その間において当該要件を満たせばよいと考えるのが現実的であり，かつ，課税行政の簡素化にもつながると考えられる。

なお，事業承継税制が存在する他の国では，非上場会社の株式のみならず，上場会社の株式についても一定の議決権以上を相続人等が継続保有する場合には，課税上の恩典を与えていることもある。確かに上記の応能負担原則によるアプローチによれば，実質的に取引所相場の有無は問われないことになるので，上記 (1) 及び (2) の要件を満たす上場株式についてもその適用が考えられるが，本章では大野（2001，218頁）にあるように，「上場会社は社会の公器ともいえる存在であるため，いったん株式を公開した以上は，同族限りで会社を支配しようと図ることは，上場した趣旨に反する。」という意見もあることから，議論の対象から外すものとした。

8　非上場会社における承継の態様

ここで，Ⅱ以下の記述に先立ち，非上場会社における承継の態様に関し，筆者として定義づけを行う。基本的に非上場会社における事業承継は，財産としての「非上場株式の承継（取得）」と，最終責任を負いながら会社の経

営を行う「代表権（業務執行権）の承継」のふたつの要素に分けて考えられる。

また，非上場株式や業務執行権を誰が承継するのかという観点からは，相続財産自体が基本的に法定相続人を中心として相続されるため，「親族」と「親族外」の要素に分けて考えられる。これらの要素の組み合わせにより，非上場会社の事業承継は，「非分離・親族型」，「非分離・親族外型」，「分離型」の３つに分類される。

(1) 「非分離・親族型」の承継

これは，非上場株式を取得する者と会社の代表権を承継する者が同一の者であり，かつ，その者が先代経営者の親族である，という型である（図表Ⅰ-１）。

このように「株式の所有」と「経営」が分離しておらず，かつ，親族がそれを承継する型を本章では，「非分離・親族型（non-separation／cognate model）」の承継とよぶ。

(2) 「非分離・親族外型」の承継

親族外の従業者（役員及び従業員）が先代経営者から非上場株式を取得し

図表Ⅰ-１　「非分離・親族型」の承継

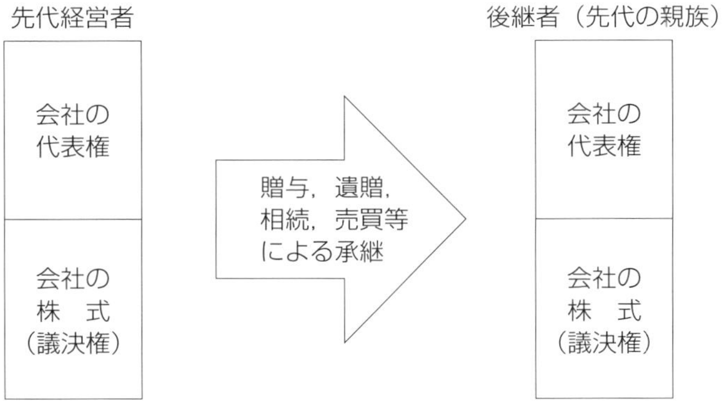

図表Ⅰ-2 「非分離・親族外型」の承継

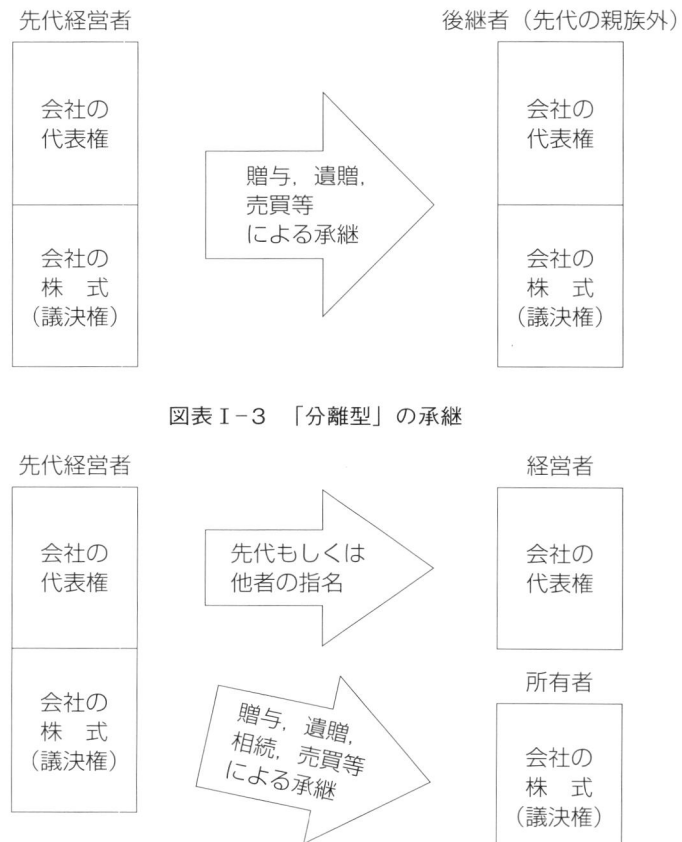

先代経営者
- 会社の代表権
- 会社の株式（議決権）

→ 贈与, 遺贈, 売買等による承継 →

後継者（先代の親族外）
- 会社の代表権
- 会社の株式（議決権）

図表Ⅰ-3 「分離型」の承継

先代経営者
- 会社の代表権
- 会社の株式（議決権）

→ 先代もしくは他者の指名 →

経営者
- 会社の代表権

→ 贈与, 遺贈, 相続, 売買等による承継 →

所有者
- 会社の株式（議決権）

て，自らが経営者となる形態である。これも所有と経営が分離していない状態であるが，親族外が承継するので，これを本章では「非分離・親族外型（non-separation/non-cognate model）」の承継とよぶ（図表Ⅰ-2）。

(3) 「分離型」の承継

これは親族（主として法定相続人）または親族外の者が先代経営者の所有していた非上場株式を贈与又は相続等によって取得するが，当該取得者と異

なる者が代表者として選任されて会社の業務執行にあたるという形態であり（図表Ⅰ-3），これを本章では「分離型（separation model）」の承継とよぶ。

なお，株式の所有者と代表権を有する者が異なる形態は，「所有と経営の分離」といえるが，通常これが意味するところは，株主の俗人的特性を否定し，経営者は株主とは独立した立場で業務執行にあたる上場会社などの公開会社を想定していることが多い。しかし，ここにおいては，所有と経営が分離しても，非上場株式は相続人等が承継するために，株式について譲渡制限がある閉鎖会社（会社法107条②一）としての形態をその後も維持していくことが殆どであろう。よって本書における「分離型」は公開会社を意図したものではないことに留意されたい。

註

1) 中小企業庁（2012）275頁。なお，2013年版も2009年の数値を用いている。
2) 岡田（2007）1頁。
3) 事業承継ガイドライン検討委員会（2008）17頁。
4) 商工中金（2009）によると，2008年11月1日を基準日として，商工中金の取引先9,194社に対して調査票によるアンケート調査を実施し，その有効回答数は3,428社（回収率37.3%）であった（同2頁）。そこで「事業承継の際に想定される問題」についての複数回答の結果は（同11頁），1位が「事業の将来性が不安（39.5%）」，2位が「会社を経営するのに十分な力量がない（35.8%）」であり，3位は「相続税などの税金負担が重い（35.5%）」であった。1位及び2位の問題は制度上の問題ではなく企業内部の問題と考えられる。また，回答企業のうち「後継者を決定済」の企業では，「相続税などの税金負担が重い（43.2%）」が1位であった。ちなみに「相続税などの税金負担が重いと回答した企業の年商規模別は以下のとおりである（回答は%）。

年商	5億円以下	5億円～10億円	10億円超～20億円	20億円超～50億円	50億円超
回答	30.9	32.5	31.3	38.7	44.1

5) Revenue Statistics 1965-2010を閲覧し，2007～2009年までの期間でEstate and inheritance taxes，Gift taxesがいずれもほとんど0の国を抽出した（OECD, 2011, pp. 139-236）。
6) The succession planning Law that we all have our eyes on at this time is the

estate tax law, and it is a moving target. As of January 1, 2010, there is no estate tax for any family in America（Holmgren, 2010, p. 14）。
7)　大前（2009）55頁。
8)　日本の長期政府債務及び国民1人当たりの数値は2013年4月1日の算定値である（http://www.kh-web.org/fin/）。また，東洋経済新聞社は「主要国の主な経済指標」として日本，アメリカ，ドイツ，フランス，中国について比較しており，それによると長期政府債務残高がGDPを超えているのは日本とアメリカ（104.8％）である（http://cdn.toyokeizai.net/shop/books/download/nihonno_zaisei24/）。
9)　日本銀行，「資金循環資料」（http://www.boj.or.jp/statistics/sj/index.htm/）。
10)　総務省，「家計調査報告（貯蓄・負債編）平成24年　負債・貯蓄の状況」26頁。
11)　http://www.mof.go.jp/tax_policy/reference/taxes_and_stamp_revenues/h201305a.pdf
12)　「所得税法等の一部を改正する法律」成立日：平成25年3月29日，公布日：平成25年3月30日。
13)　現行法では基礎控除が「5,000万円+1,000万円×法定相続人の数」であり，最高税率は50％となっているが，改正後はそれぞれ，「3,000万円+600万円×法定相続人の数」，55％となる。なお，贈与税の最高税率も50％から55％となる。相続税及び，贈与税の新旧速算表は以下のとおりである。

〈相続税の速算表〉

法定相続人の取得金額	現　行		改正後	
	税　率	控除額	税　率	控除額
1千万円以下	10％	0万円	10％	0万円
1千万円超　3千万円以下	15％	50万円	15％	50万円
3千万円超　5千万円以下	20％	200万円	20％	200万円
5千万円超　1億円以下	30％	700万円	30％	700万円
1億円超　2億円以下	40％	1,700万円	40％	1,700万円
2億円超　3億円以下	40％	1,700万円	45％	2,700万円
3億円超　6億円以下	50％	4,700万円	50％	4,200万円
6億円超	50％	4,700万円	55％	7,200万円

〈贈与税の速算表〉

基礎控除後の課税価額	現　行		改正後			
			一般		直系卑属（20歳以上）	
	税率	控除額	税率	控除額	税率	控除額
200万円以下	10％	0万円	10％	0万円	10％	0万円
300万円以下	15％	10万円	15％	10万円	15％	10万円
400万円以下	20％	25万円	20％	25万円	15％	10万円
600万円以下	30％	65万円	30％	65万円	20％	30万円
1,000万円以下	40％	125万円	40％	125万円	30％	90万円
1,500万円以下	50％	225万円	45％	175万円	40％	190万円
3,000万円以下	50％	225万円	50％	250万円	45％	265万円
4,500万円以下	50％	225万円	55％	400万円	50％	415万円
4,500万円超	50％	225万円	55％	400万円	55％	640万円

14)　相続時精算課税方式についてはⅡ参照のこと。

15) 平成22年度第19回　税制調査会議事録では，「相続税についても再分配機能や財源調達機能が急速に落ちていますから，これについても見直すべきであるという意見でほぼ方向性は一致しているというふうに言っていいかと思います。」と記録されている。
16) 一方では相続税廃止論もあり，浅野（2009）では Edward J. McCaffery のそれについて分析している。その4頁では，「マカフェリーの議論は，3段階からなる。第1段階は，現行の相続税が機能しておらず，自由平等主義の理念にも逆行しており，政治的に国民の支持も欠いているということである。第2段階は，現行の相続税の失敗は，相続税の強化を要求すると思われるかもしれないが，そのような方策は2つの問題に直面するということである。第1に，相続税の強化は実際的でもなければ，国民から待望されているわけでもない。第2に，「現実の政界の中で相続税の強化がもたらすであろう帰結──労働の抑制，貯蓄の減少，消費の格差の拡大──を考えると，消費税の強化はリベラルそのものの根拠から好ましくない」（McCaffery 1994a: 288）。第3段階は，以上の2段階の帰結として，リベラルな原理にも，現実の社会的実勢や人々の意見に潜んでいる精神にも適合するような税制を考えることができるが，それには相続税が含まれないということである。具体的には，相続税なしの累進的消費税という提案である。」とマカフェリーの意見をまとめているが，最終的には36頁において，「マカフェリーの主張の最大の難点は，労働と倹約をよしとする価値観を体現した税制が働かないで生きていける人達を生み出すという皮肉な結果になるということであった。」と結論づけている。
17) 円滑化法が一般に用いられている「事業の承継」という表現ではなく，「経営の承継」としているのは，事業譲渡をはじめとする M&A などにより，会社の事業を別の会社が承継するのではなく，経営者による経営権の委譲の円滑化を支援することを明確化する趣旨であるとされている（神崎ほか，2009, 7頁）。
18) 9) で示した資料において，家計の株式・出資の残高は1,046,200億円，そのうち上場会社の株式は623,491億円であり，差額の422,709億円が非上場株式等の額と推計される（『資金循環統計の作成方法』，日本銀行調査統計局，2-61頁）。
19) 平成24年8月22日公布。
20) 右山研究グループ（2009）1頁。
21) 品川（2008a）41頁。
22) 中小企業庁（2012）225頁。
23) 「また，中小企業の相続を円滑にするための「事業承継税制」がうまく機能していないことも，相続税批判の底流にある。納税の猶予を受けられる仕組みだが，先代経営者の親族が代表者を継続しなければ利用できないなど厳しい要件がある。8年10月から12年9月までの認定件数は相続税で381件にとどまっていた。」（2013年1月11日付『日本経済新聞』朝刊）。
24) 金子（2013）502-503頁。
25) 宮脇（2008）451頁。
26) 金子（2013）536頁。

27) 神山（2010）33頁。
28) Finney（2008）p. 249。
29) 山田（2010）71頁。
30) 中里（2010）165頁。
31) 金子（2013）536頁。
32) 水野（2011）630頁。
33) 酒井（2011）90頁。
34) 金子（2013）552頁。
35) そもそも租税とは持田（2009, 99頁）によれば「一般政府への強制的で無対価の支払い」であると定義している。そして同100頁では租税根拠論は大きく分けて「租税利益説」と「租税能力説」の2通りの考え方があるとし，「利益説とは，人々は政府の提供したサービスの便益に対する対価として租税を支払うべきだという考え方である。利益説を根拠とする税を応益税ということがある。」と定義し，同101頁では「納税者は各人の負担能力に応じて国家に貢献しなければならないと答えるのが，租税能力説である。」と定義している。つまり，負担能力とは担税力であるから，通説は租税利益説（benefit principle）ではなく，租税能力説であり，より詳しくは応能負担原則となると考えている。
36) 引用しているドイツ語と英語から分かるように，金子教授の「担税力」は応能負担原則の内容と考えられる。
37) さらに北野（2008b, 53頁）によれば，「納税者の税負担配分の原理としては，憲法上のみならず，社会科学的観点からしても応能負担原則しか存在しない」としている。
38) 水野（2011, 12頁）によれば，「水平的公平とは，同様な状況にある者は，同様に課税されなければならないという原則である。これに対して垂直的公平とは，異なった状況にある者は，異なった課税をされなければならないということであり，累進課税を意味する。」としている。

II

円滑化法ならびに
納税猶予及び
免除特例の概要

本章では，まず日本の相続税法の概要及びそこにおける非上場株式の原則的取扱いについて概要を述べる。そして日本における事業承継税制の変遷について触れた後に，円滑化法において定められている遺留分に関する民法特例と，今後の議論の中心となる納税猶予及び免除特例の概要を説明する。

1 日本の相続税法の概要とそこにおける非上場株式の取扱い

(1) 日本の相続税法の概要

既に述べたように日本における相続税及び贈与税の納税義務者は財産を取得した個人であり（相続税法1条の3），取得者の担税力の増加という点に着目して課税されている。渋谷（2004，183頁）によればドイツの相続税法と比較して，「法定相続人の数により税負担が変わる遺産税」という見方もあるが，法定相続分通りに相続した場合と同額の相続税額とした背景は遺産課税方式の考え方によるものではなく，かつ，財産の取得者が納税義務者であることを考慮すると，やはり日本の相続税は実質的に遺産取得課税方式を採用していると考えられる。また，相続税の課税根拠としては富の集中を抑制し，資源の再分配を図ることであるとされている[1]。

相続税額が算定されない場合には，財産を取得した者について申告・納付等の義務はないが，算定された税額があるときには，相続人等は被相続人の死亡を知った日の翌日から10カ月以内に相続税の申告・納付をしなければならない（相続税法27条）。

また，贈与税は1年間に各人が受けた贈与について，翌年2月1日から3月15日までに申告・納付を行うが，20歳以上の個人が，65歳以上（2015年より60歳以上）の直系尊属（2014年までは父母のみ）より受ける贈与については，原則的にその年ごとに贈与税を確定する「暦年課税」と，相続まで最終的な税が確定しない「相続時精算課税（相続税法21条の9）」の選択適用が認められている。

暦年課税方式とは1年間に受け取ったすべての贈与財産の額[2]から基礎

控除金額（110万円[3])[4]）を控除した額に，税率を乗じて求めた贈与税額を申告・納付する。贈与者が贈与から3年以内に死亡した場合には，その間の贈与財産は相続税の計算対象となり，相続税として再計算した結果とそれまでの贈与税の額が精算されるが，それ以外の場合には各年に行った贈与税の申告・納付だけで課税関係は終了する。

相続時精算課税とは，特定の贈与者（直系尊属に限る）からの贈与それぞれについて，一定額（その者から受け取った額の累計で2,500万円）までの贈与については贈与税を納税せず，それを超えた部分については20％の贈与税を暫定的に納付し，贈与者の相続発生時に生前贈与された財産額を相続財産として贈与時点の価額で加算することによって相続税額を算定し，それまでの贈与税との差額を精算する方法である。ただし，いったん精算課税を選択した贈与者からの贈与については，その後の年に暦年課税に戻って申告・納税することはできない。

(2) 相続税額の計算方法

相続税額の計算は，以下の手順で行われる。

① 各人の課税価額の計算

相続・遺贈によって財産を取得した各人のそれぞれについて，次のように各人の課税価額を計算する。

1）純資産価額の算定
　　　相続または遺贈により取得した財産の価額
　＋　みなし相続等により取得した財産の価額[5]
　－　非課税財産の価額[6]
　＋　相続時精算課税の対象となっている贈与財産の贈与時点での価額
　－　債務・葬式費用の額
　＝　「純資産価額（赤字の場合には0）」
2）各人の課税価額の算定
　　「各人の課税価額」＝純資産価額＋相続開始前3年以内の贈与財産の価額
---

② 相続税の総額の計算

次に以下の手順で相続税の総額を計算する。

> 1）①で計算した各人の課税価額をすべて合計し，「課税価額の合計額」を計算する。
> 2）「課税価額の合計額」から基礎控除額[7]を控除し，「課税遺産総額」を計算する。
> 3）「課税遺産総額」を，各法定相続人が民法に定める法定相続割合に従って取得したものとして，「法定相続分に応ずる各法定相続人の取得金額」を計算する。
> 　　「課税遺産総額」×各法定相続人の法定相続割合
> 　　　＝「法定相続分に応ずる各法定相続人の取得金額（千円未満切り捨て）」
> 4）「法定相続分に応ずる各法定相続人の取得金額」のそれぞれに税率を乗じて相続税の総額の基礎となる税額を算出する（各人ごと）。
> 　　「法定相続分に応ずる各法定相続人の取得金額」×税率＝算出税額（各人ごと）
> 5）各法定相続人の各人ごとの算出税額をすべて合計して，「相続税の総額」を計算する。

③ 各人ごとの相続税の計算

「相続税の総額」について，財産を取得した各人の実際の課税価格に応じて配分し，財産を取得した「各人ごとの税額」を計算する。つまり，各人ごとの税額はここで再計算され，実際の税額となる。

> 「相続税の総額」×各人の課税価格÷課税価格の合計額＝「各人ごとの税額」

④ 各人の納付税額の計算

上記③で計算した「各人ごとの税額」から各種の税額控除額[8]を差し引き，その残額が「各人の納付税額」となる。ただし，財産を取得した者が被相続人の法定相続人以外の者である場合には，税額控除を差し引く前の相続税額にその20％相当額を加算した後で税額控除額を差し引くことになる（相続税法18条）。つまり，法定相続人以外の相続税額は，その2割が加算され

(3) 非上場株式の一般的な取扱い

非上場会社が発行する株式については，相続等・遺贈・贈与によって取得した者の相続及び贈与財産として，相続税及び贈与税の課税対象となり，その評価額を計算し，それに基づいて相続税もしくは贈与税が計算されたときは，それを申告・納税しなければならない。つまり非上場株式は市場性がないが，相続税法上の非課税財産とはなっていない。

相続税法における財産評価原則では，課税財産はその相続発生時の価額（相続税法11条の2①）で評価することになっている。よって非上場株式の評価は，第三者としての専門家による評価額等を用いることも考えられるが，他の納税者との実質的な公平を実現するとの東京地裁における判断もあり，日本における実務では国税庁の「財産評価基本通達[9]」に準拠して計算・評価している[10]。非上場会社の株式は，そこにおいて「取引相場のない株式」に該当し，以下のように原則的評価方法と例外的評価方法に分けて評価が行われる。

① 原則的評価方法

財産評価基本通達179では，「取引相場のない株式の評価」の原則的な評価方法として，評価する株式を発行した会社の従業員数，総資産価額及び売上高により，「大会社」，「中会社」又は「小会社」のいずれかに区分し[11]，それぞれに定められた方法で評価をすることになっている。

> 1）大会社
>   大会社の株式の価額は，「類似業種比準価額」によって評価する。ただし，納税義務者の選択により，1株当たりの純資産価額（相続税評価額によって計算した金額）によって評価することができる。
> 2）中会社
>   中会社の株式の価額は，次の算式により計算した金額によって評価する。ただし，納税義務者の選択により，1株当たりの純資産価額（相続税評価額によって計算した金額）によって計算することができる。

> （類似業種比準価額×L）
> ＋｛1株当たりの純資産額（相続税評価額によって計算した金額）×（1－L）｝
> 3）小会社
> 　小会社の株式の価額は，「1株当たりの純資産価額（相続税評価額によって計算した金額）」によって評価する。ただし，納税義務者の選択により，Lを0.50として2）の算式により計算した金額によって評価することができる。

　つまり，取引所相場のない株式については，原則的評価方法では「類似業種比準価額」と「1株当たり純資産価額」を用いて評価することになる。それぞれを説明すると以下のようになる。

・「類似業種比準価額」（財産評価基本通達180）
　　類似業種の株価並びに1株当たりの配当金額，年利益金額及び純資産価額（帳簿価額によって計算した金額）を基とし，次の算式によって計算した金額とする。

> $$\text{類似業種比準価額} = A \times \left[\frac{\frac{b}{B} + \frac{c}{C} \times 3 + \frac{d}{D}}{5} \right] \times 0.7$$
>
> 「A」＝類似業種の株価
> 「b」＝評価会社の1株当たりの配当金額
> 「c」＝評価会社の1株当たりの利益金額
> 「d」＝評価会社の1株当たりの純資産価額（帳簿価額によって計算した金額）
> 「B」＝課税時期の属する年の類似業種の1株当たりの配当金額
> 「C」＝課税時期の属する年の類似業種の1株当たりの年利益金額
> 「D」＝課税時期の属する年の類似業種の1株当たりの純資産価額（帳簿価額によって計算した金額）
> 　A，B，C，Dの数値については，国税庁より各年に関する「類似業種比準価額計算上の業種目及び業種目別株価等について（法令解釈通達）」として公表されている。

　この場合において，評価会社の直前期末における資本金等の額を直前期末における発行済株式数で除した金額（以下「1株当たりの資本金等の額」という）が50円以外の金額であるときは，その計算した金額に，1株

当たりの資本金等の額の50円に対する倍数を乗じて計算した金額とされる。また，上記算式中の「0.7」は大会社に適用され，中会社の株式を評価する場合には「0.6」，小会社の株式を評価する場合には「0.5」とされる。
・「1株当たりの純資産価額」(財産評価基本通達185)

以下の計算によって求めた額とされる。

> 　　　　　1株当たりの純資産価額　＝　（A－B－C）÷発行済株式数
> 「A」＝課税時期における各資産を，財産評価基本通達に定めるところにより
> 　　　評価した価額の合計額
> 「B」＝課税時期における各負債の金額の合計額
> 「C」＝評価差額（帳簿価額と財産評価基本通達によって算定された額との差
> 　　　額，マイナスの場合を除く）に対する法人税額等に相当する金額
> 　ただし，株式の取得者とその同族関係者の有する議決権の合計数が評価会社の議決権総数の50％以下である場合においては，上記により計算した1株当たりの純資産価額に100分の80を乗じて計算した金額とする。

この計算を行う場合には，貸倒引当金，退職給付引当金，納税引当金その他の引当金及び準備金に相当する金額は負債に含まれないが，次に掲げる金額が負債に含まれる。

> ⅰ）課税時期の属する事業年度に係る法人税額，消費税額，事業税額，道府県
> 　　民税額及び市町村民税額のうち，その事業年度開始の日から課税時期までの
> 　　期間に対応する金額で未払いのもの
> ⅱ）課税時期以前に賦課期日のあった固定資産税の税額のうち，課税時期にお
> 　　いて未払いの金額
> ⅲ）被相続人の死亡により，相続人その他の者に支給することが確定した退職
> 　　手当金，功労金その他これらに準ずる給与の金額

また，評価差額に対する法人税額等に相当する金額は，差額に対して42％を乗じて計算される。

② 例外的評価方法（財産評価通達188，188-2）

同族株主以外の株主等[12]が取得した株式前項の株式の価額は，その株式

に係る年配当金額を基として、次の算式により計算した金額によって評価する。ただし、その金額が原則的評価方式によって計算した金額を超える場合には、原則的評価方式によって評価する。

$$\frac{その株式に係る年配当金額}{10\%} \times \frac{その株式の1株当たりの資本金等の金額}{50円}$$

これは、「配当還元方式」ともいわれ、上記算式の「その株式に係る年配当金額」は1株当たりの資本金等の額を50円とした場合の金額であるから、算式中において、評価会社の直前期末における1株当たりの資本金等の額の50円に対する倍数を乗じて評価額を計算することになる。しかしながら、事業承継時の非上場株式の移動はその持株比率が多くなることが通常であるため、その評価に当たりこの例外的評価方法を適用できることはないといえる。

このように評価された株式は、相続・遺贈により取得した財産の価額、あるいは贈与によって取得した財産の価額となる。

(4) キャピタルゲイン課税の取扱い

相続人等が、納税資金を捻出するために、相続した財産を譲渡する場合が考えられる。非上場株式について、相続後、第三者に転売する場合の課税関係としては、いわゆるキャピタルゲイン課税の問題が生じ、日本における所得税法ではそこに定める所得のうち、譲渡所得に該当する。

そこでは売却した者について、その収入金額（譲渡価額）から必要経費（取得費＋委託手数料等）を差し引いて株式等に係る譲渡所得を算定する。ここで留意すべき点は取得費であり、所得税法第60条によれば、贈与、相続（限定承認[13]に係るものを除く）又は遺贈（包括遺贈[14]のうち限定承認に係るものを除く）により取得した資産を譲渡した場合における譲渡所得の金額の計算については、「その者が引き続きこれを所有していたものとみなされる」ため、譲渡の際の取得費は被相続人もしくは贈与者の取得した金額と

なり，相続もしくは贈与時点での価額は考慮されないことである。

ただし，相続税が課された財産を，相続開始のあった日の翌日から相続税の申告期限の翌日以後3年を経過する日までに譲渡した場合には，相続税額のうち当該資産に対応する部分を譲渡資産の取得費に加算することができるとされている（措法39条）。

2 日本の事業承継税制の変遷

日本における事業承継税制は，1983年の税制改正によって初めて一般的な形で導入されたとされ，当時の地価の急激な上昇等を反映した相続税負担の増大によって，事業の承継が圧迫されるという現実に対応するため，それまで①純資産価額方式のみで評価されていた取引相場のない株式につき，類似業種比準価額方式との併用を認めること，及び②個人の事業用または居住用に供する小規模宅地についての負担軽減措置，が導入された[15]。その後，これらの項目は改正を重ねられてきたが，2004年頃から中小企業の廃業が目立つようになり，その原因については後継者問題，遺留分問題，金融問題及び経営問題の他に相続税までが影響していると認識され，2007年6月19日に「中小企業の事業承継円滑化に向けた提言（中間取りまとめ）」が自民党経済産業部会・事業承継問題検討委員会によって行われた。この提言が円滑化法の礎になったとされている[16]。

3 円滑化法と措法の内容

そして，遺留分・相続税・金融等の各問題に対応するため「円滑化法」が2008年5月に成立し，同年10月1日から施行された。さらに，円滑化法の一環としての相続税法の特別措置として「納税猶予及び免除特例」が措法において制定され2009年4月1日より施行されている。すなわち，「納税猶予及び免除特例」は特別措置として位置づけられており，このこと自体がⅣにお

いて問題として提議されることとなる。

　円滑化法は，「多様な事業の分野において特色ある事業活動を行い，多様な就業の機会を提供すること等により我が国の経済の基盤を形成している中小企業について，代表者の死亡等に起因する経営の承継がその事業活動の継続に影響を及ぼすことにかんがみ，遺留分に関し民法（明治二十九年法律第八十九号）の特例を定めるとともに，中小企業者が必要とする資金の供給の円滑化等の支援措置を講ずることにより，中小企業における経営の承継の円滑化を図り，もって中小企業の事業活動の継続に資することを目的とする（円滑化法１条）。」という趣旨から制定されたものである。つまり円滑化法及び措法における相続税法の納税猶予及び免除特例は，中小企業の代表者等の死亡等が生じても，その事業活動を継続させ，ひいては雇用の機会を確保するためのものである。なお，平成25年度税制改正によって措法の内容は改正され，2015年１月１日より施行される。

　以下，「贈与税の納税猶予及び免除特例」，「相続税の納税猶予及び免除特例」について，その内容を平成25年税制改正事項もふまえて述べていく。また，「遺留分の民法特例」についてもⅣにおける考察において必要とされる

図表Ⅱ-１　中小企業者の範囲

業　種	資　本　金	常時使用する従業員数
製造業，建設業，運輸業その他	3億円以下	300人以下
ゴム製品製造業（自動車または航空機用タイヤ及びチューブ製造業ならびに工業用ベルト製造業を除く）		900人以下
卸売業	1億円以下	100人以下
小売業	5,000万円以下	50人以下
サービス業		100人以下
ソフトウェア・情報処理サービス業	3億円以下	300人以下
旅館業	5,000万円以下	200人以下

ので，これについてもここで述べておく。なお，これらの法律の対象となる，円滑化法に定める中小企業者の範囲は基本的に中小企業基本法2条に定める中小企業者のそれと同じであるが，政令[17]によって一部の業種につき適用範囲を広げている。具体的には図表Ⅱ-1のとおりである[18]。

4　円滑化法に定める遺留分に関する民法特例

遺留分に関する民法特例は，民法が定める遺留分の規定[19]が，経営の承継に関し妨げとなることを回避するために設けられた制度であるとされている。

(1) 民法特例が設けられた背景

民法に定める遺留分制度については，神崎ほか（2009，16頁）によれば，「中小企業の円滑な事業承継を実現するためには，経営者が所有する自社の株式や事業用資産を後継者に円滑に承継させることが重要である。ところが，経営者の個人資産の大半が自社株式をはじめとする事業用資産であるため，これらを後継者に集中的に承継させようとすると，他の相続人の遺留分を侵害するおそれが高くなる。その結果，後継者が他の相続人から遺留分減殺請求を受けて相続紛争が発生した場合，紛争解決のためには長期間を要することが多く，その間後継者は会社経営に専念することができなくなってしまう。また遺留分減殺請求の結果，自社株式の返還を余儀なくされると，後継者の持株比率が低下し，株主総会の決議に支障をきたすおそれを招来し，その後の事業継続に多大な影響を及ぼすことになる。さらに，後継者に自社株式を贈与したのち，後継者が代表者として会社経営に従事し，その才覚をもって企業価値，すなわち株式の価値を向上させた場合には，遺留分の額を算定する際の当該株式の価額は，価値上昇後の相続開始時における価額とされる[20]ため，後継者の経営意欲を阻害することになりかねない。」と指摘している。

なお、こうした遺留分制度が事業承継に与える影響を回避する方法としては、遺留分を放棄してもらうことが考えられるが、遺留分を放棄するためには、各遺留分権利者自らが家庭裁判所に申立てし、許可を得なければならない（民法1043条）。すると遺留分を放棄することのメリットが少ない後継者以外の遺留分権利者にとっては、手続的な負担が大きく、その実現可能性は乏しいといえる。また、仮に推定相続人間で遺留分を放棄する旨の取り決めをしても、遺留分の放棄は各推定相続人の単独行為であることから、その全員がそれぞれ家庭裁判所から遺留分放棄の許可を受けるか否かは不確実である。さらに、遺留分はその一部を放棄することも可能であるが、後継者に贈与した自社の株式について、将来の価値上昇分についてのみ放棄するということは、前出判例からも民法本法のままではできないと解釈される。そこで、これらの弊害を回避するためにこの特例が設けられたと考えられる。

(2) 円滑化法に定める遺留分の特例の内容

円滑化法は、特定中小企業者[21]が発行している株式等について、旧代表者[22]から後継者[23]に贈与を行った場合に、遺留分の算定に関し、旧代表者の推定相続人全員が、ふたつの内容の合意をすることができる特例を定めており、当該株式等に関し、相続開始前の推定相続人間の合意を明確に位置づけたものである。すなわち、経営の承継のために行われた株式の贈与に関して、その贈与株式等の価額を、遺留分算定の際には除外すること、もしくは遺留分算定の際には贈与時の価額で計算すること[24]、をあらかじめ推定相続人間で定めることができるとしており、具体的には以下のとおりである。

① 除外合意

経営承継対象株式等の価額を遺留分算定基礎財産に算入しないこと（円滑化法4条第1項第1号）。

② 固定合意

経営承継対象株式等について遺留分算定基礎財産に算入すべき価額をあらかじめ固定すること（同2号）。

さらに、①または②の合意と合わせて以下の合意をすることができるものとされている（追加合意）[25]。

　　ア　後継者が取得した経営承継対象株式等以外の財産の価額を遺留分算定基礎財産に算入しないこと（同5条）。
　　イ　後継者以外の推定相続人が取得した財産の価額を遺留分算定基礎財産に算入しないこと（同6条第2項）。

　アの合意は、経営の承継に際し、経営承継対象株式等以外の財産も承継する必要がある場合（例えば、個人所有の不動産や設備等）を想定しており、これらも遺留分の基礎財産に算入しないことができるとしている。

　イの合意は、後継者と他の推定相続人間の衡平を図ることが必要とされることを想定して設けられたものである。

　旧代表者の推定相続人は、そのうちの一人が後継者である場合には、その全員の合意をもって、書面により、上記の内容の定めをすることができ（同4条）、その内容について後継者が経済産業大臣の確認を受け（同7条）、さらに確認を受けた者が家庭裁判所の許可を受ける（同8条）ことにより、これらの合意の効力が発生する（同9条）。この合意は、後継者が代表として行えるため、各推定相続人の手続きが煩雑となることを回避し、かつ、合意の効力の不確実性を排除したものとなっている。以上の手続きを図示すると

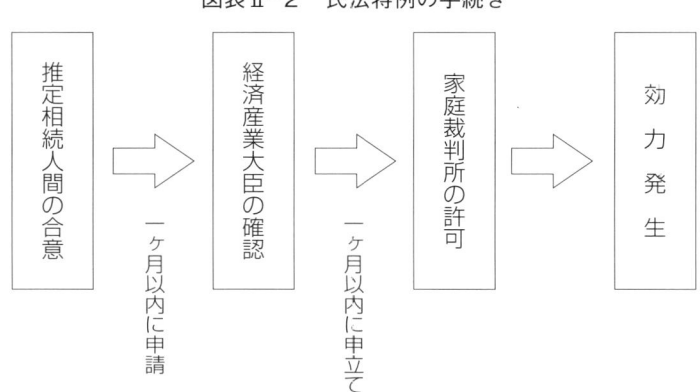

図表Ⅱ-2　民法特例の手続き

| 推定相続人間の合意 | → 一ヶ月以内に申請 | 経済産業大臣の確認 | → 一ヶ月以内に申立て | 家庭裁判所の許可 | → | 効力発生 |

図表Ⅱ-2のようになる。

つまり民法特例の合意により，推定相続人の1名に対して，先代経営者が経営の承継のために行う贈与について，想定される遺留分制度の弊害を解消することが可能となる。

5　贈与税の納税猶予及び免除特例の概要（措法70条の7）

贈与税の納税猶予及び免除特例とは，認定贈与承継会社（後述(1)）の代表権を有していた個人（措法70条の7①，以下「贈与者」という）が，一定の要件を満たす者（同②第3号，以下「経営承継受贈者」という）に，その保有する認定贈与承継会社の非上場株式等の贈与をした場合で，以下の①から③のすべての要件に該当する場合に，議決権株式の総数または出資の総額の3分の2に達するまでの部分（以下「特例受贈非上場会社株式」という（後述(2)））を限度として，当該贈与にかかる「納税猶予分の贈与税額」に相当する贈与税について，贈与者の死亡の日までにその納税を猶予することとされているものである。

　　① 贈与税の期限内申告をしたこと
　　② 同申告書にこの制度の適用を受ける旨の記載があること
　　③ 申告期限内に担保の提供があること[26]

ここで納税猶予の対象となる株式等が，議決権株式の総数または出資の総額の3分の2が限度とされているのは，3分の2以上が株式会社の特別決議（会社法309条第2項）に必要な株数であることによる[27]。

また，贈与後，原則として5年間は「経営贈与承継期間[28]」となり，贈与時に満たしていた要件やその後の雇用の確保等を継続することが要求される。

(1)　対象となる会社（措法70条の7②1号）

対象となる株式を発行している会社が，「認定贈与承継会社」であり，円

滑化法に規定する中小企業者のうち，経済産業大臣認定を受けた会社で，次にあげる要件のすべてを満たす必要がある。

　イ　当該会社の常時使用従業員[29)]の数が1人以上であること。
　ロ　当該会社が，資産保有型会社又は資産運用型会社である場合には，一定の要件に該当しないこと。

　　資産保有型会社とは，認定贈与会社の資産状況を確認する期間内[30)]のいずれかの日において次の算式によった結果が100分の70以上となる会社をいう。

$$\frac{A+B}{B+C}$$

A＝貸借対照表に計上されている特定資産※の帳簿価額の合計額
B＝その日以前5年以内において，経営承継受贈者とその特別の利害関係のある者が当該会社から受けた剰余金の配当等の額その他
C＝貸借対照表に計上されている総資産の帳簿価額の合計額

※特定資産とは次のものをいう（円滑化法施行規則6条①7号）。
1）金融商品取引法第二条第一項に規定する有価証券及び持分
2）当該中小企業者が現に自ら使用していない不動産
3）ゴルフ場その他の施設の利用に関する権利（事業の用に供することを目的として有するものを除く。）
4）絵画，彫刻，工芸品その他の有形の文化的所産である動産，貴金属及び宝石（事業の用に供することを目的として有するものを除く。）
5）現預金（当該代表者及び当該代表者に係る同族関係者に対する貸付金及び未収金を含む。）

　　資産運用型会社とは，認定贈与会社の資産の運用状況を確認する期間内のいずれかの事業年度における総収入金額に占める特定資産の運用収入の合計額の割合が100分の75以上となる会社をいう。

　　ここで「一定の要件に該当しない」場合には，資産管理型会社又は資産運用型会社であっても，認定贈与承継会社になれるということであり，次に掲げる要件の全てに該当すればよいことになっている（措法施

行令40条の8⑤）。

> 1）当該資産保有型会社等が，贈与の日まで引き続き3年以上にわたり，商品の販売その他の業務[31]を行っていること。
> 2）1）の贈与の時において，当該資産保有型会社等の常時使用従業員（ただし，経営承継受贈者及びそれと生計を一にする親族は除かれる。以下「親族外従業員」という。）の数が5人以上であること。
> 3）1）の贈与の時において，当該資産保有型会社等が，ロの親族外従業員が勤務している事務所，店舗，工場その他これらに類するものを所有し，又は賃借していること。

さらに，当該資産保有型会社等が特別関係会社（下記ハ）を有している場合には，特定資産から当該資産保有型会社等が有する当該資産保有型会社等の特別関係会社で上記1）から3）に掲げる要件のすべてを満たすものの株式等を除いた場合に，その会社等が，資産保有型会社又は資産運用型会社に該当しなければよいとされている。

つまり，当該会社もその特別関係会社も，事務所，店舗，工場等が存在し，常時使用従業員の数が5名以上勤務して，商品等の販売その他の業務を行っていれば，たとえ資産保有型会社等に該当しても，認定贈与承継会社に該当するということである。

ハ 当該会社の株式等及び特定特別関係会社の株式等が非上場会社等に該当すること。

ここにおいてはまず「特別関係会社」を定義する必要があり，これは代表者，及び代表者と「特別の関係がある者」が所有する議決権の合計が100分の50を超える会社をいう（措法施行令40条の8⑥）。

「特別の関係がある者」とは，以下のとおりである。

> 1）当該代表権を有する者の親族
> 2）当該代表権を有する者と婚姻の届出をしていないが，事実上婚姻関係と同様の事情にある者
> 3）当該代表権を有する者の使用人

Ⅱ　円滑化法ならびに納税猶予及び免除特例の概要　　43

> 　4）当該代表権を有する者から受ける金銭その他の資産によって生計を維持している者（1）～3）に掲げる者を除く。）
> 　5）2）～4）に掲げる者と生計を一にするこれらの者の親族
> 　6）次に掲げる会社
> 　　ⅰ　当該代表権を有する者及び1）から5）の者が有する会社の株式等に係る議決権の数の合計が，当該会社に係る総株主等議決権数の百分の五十を超える数である場合における当該会社
> 　　ⅱ　当該代表権を有する者及びⅰに掲げる会社が有する他の会社の株式等に係る議決権の数の合計が，当該他の会社に係る総株主等議決権数の百分の五十を超える数である場合における当該他の会社
> 　　ⅲ　当該代表権を有する者及びⅰ又はⅱに掲げる会社が有する他の会社の株式等に係る議決権の数の合計が，当該他の会社に係る総株主等議決権数の百分の五十を超える数である場合における当該他の会社

　そして，「特定特別関係会社」とは，会社が特別関係会社と「密接な関係」を有している会社である。ここに「密接な関係」とは，「特別な関係のある者」の概念が準用されているが，そのうち1）については「代表者と生計を一にする親族」とされている。つまり，上場会社や，上場会社の議決権の50％以上を支配している会社等は，認定贈与承継会社に該当しないことになる。

ニ　当該会社及び特定特別関係会社が，風俗営業会社に該当しないこと。
　　風俗営業会社とは，「風俗営業等の規制及び業務の適正化に関する法律」2条⑤に規定する性風俗関連特殊営業に該当する事業を営む会社である[32]。

ホ　当該会社の特別関係会社が外国会社に該当する場合には，当該会社の常時使用従業員の数が5人以上であること。

ヘ　上記のほか，会社の円滑な事業の運営を確保するために必要とされる要件として政令で定めるものを備えていること。
　　これは以下のように定められている（措法施行令40条の8⑨）。

> 　1）会社において，贈与の日の属する事業年度の直前の事業年度における総収

> 入金額（主たる事業活動から生ずる収入の額とされるべきものとして財務省令で定めるものに限る[33]）が，零を超えること。
> 2）会社が発行する拒否権付株式を経営承継受贈者以外の者が有していないこと。
> 3）特定特別関係会社が中小企業者に該当すること。

(2) 対象となる株式等（措法70条の7②2号）

　対象となる株式等は，その会社の株式のすべてが上場されていない株式及び，合名会社合資会社または合同会社の出資であり，議決権に制限のないもので，会社の議決権の3分の2に達する部分である。これが「特例受贈非上場株式等」である。なお，国内市場において上場申請しているものは除かれ，外国において上場されているもの及び申請しているものも同様である[34]。以下，本書では，合名会社等の出資は除き，株式についてのみを述べることとする。また，平成25年税制改正によって，投資信託及び投資法人に関する法律第2条⑭に規定する投資口[35]も含まれるようになった。

(3) 贈与者（措法70条の7①）

　「贈与者」とは，認定贈与承継会社の代表権を有していた個人であり，当該贈与の直前に，その特別の関係がある者と共に議決権の50％超の株式を保有し，かつ，その筆頭者であった者をいう。なお，贈与の直前において贈与者が代表権を有していない場合には，当該個人が当該代表権を有していた期間内のいずれかの時でもよいとされる（措令40条の8第1号）。すなわち，この特例を受けるための贈与者は，贈与の直前または過去において当該会社の代表権を有し，議決権の50％超の株式を有する親族等のグループの筆頭であったことが必要とされる。また，下記の(4)と異なり，1名に限定されてはいないが，親族で過去に代表権を有していなかった者が，経営承継受贈者の持株比率向上のために株式を贈与した場合には，当該受贈者にこの特例の適用はないことになる。また，贈与者は贈与の時においては，代表権を有していてはならない[36]（措令40条の8第3号）。

(4) 納税猶予もしくは免除を受ける者（措法70条の7②3号）

納税猶予もしくは免除を受ける者は，「経営承継受贈者」とよばれ，以下の要件を満たす必要がある（措法70条の7②第3号）[37]。

イ　当該個人が贈与の日において20歳以上であること。

ロ　当該個人が当該贈与の時において，会社の代表権を有していること。

ハ　当該贈与の時において，当該個人及びその特別の関係がある者の有する議決権の数の合計が総株主等議決権数[38]の100分の50を超える数であること。

ニ　当該贈与の時において当該個人が有する議決権の数が，その特別の関係がある者のうち，いずれの者が有する議決権の数を下回らないこと。

ホ　当該個人が当該贈与の時から当該贈与の属する年分の贈与税の申告書の提出期限（当該個人が期限前に死亡した場合は死亡の日）まで，引き続きその株式等の全てを有していること。

ヘ　当該個人が，当該贈与の日まで引き続き3年以上にわたり会社の役員その他の地位を有していること。

ここで，経営承継受贈者について重要な要件だけをまとめると，「贈与の日において，会社の役員を3年以上経験し，現在はその代表者である満二十歳以上の個人であり，かつ，当該個人とその親族等が有する議決権数が当該会社の50％超であり，さらに，当該個人がその筆頭であること。」となる。立法当初は，当該個人自身が贈与者の親族である必要があったが，平成25年税制改正によってこれは削除された。しかしながら，「当該個人と特別の利害関係がある者」については，親族・内縁関係者・個人的使用人・その者の支配する会社等であることから，贈与後に50％超の議決権を有するグループは，基本的に当該経営承継受贈者の親族等から構成されることになる。つまり，贈与者側の親族グループから経営承継受贈者側の親族グループに株式等が移動することを前提としている。よって，承継の形態としては「非分離・親族型」または「非分離・親族外型」が対象となっている。

また，経営承継受贈者となれるのはひとつの認定贈与承継会社において，

50％超の議決権を有する特別関係者グループの筆頭者であるが，その者が二以上ある場合には当該経営承継会社が定めた一の者に限るとされている。つまり，議決権数が同じである筆頭者が存在してもよいが[39]，そのうち1名しか納税猶予を受けることができない。この趣旨は神崎ほか（2009，106頁）によれば，「後継者が2人以上いる場合も想定されるが，複数の後継者に対して支援措置を講じることは，株式の分散による経営の不安定化を招来する可能性があり，また，世代を経るごとに株式が「ねずみ算的」に分散するおそれがある。このため，特定後継者をひとつの会社で1人に限定している。」と示されている。

ただし，ある認定贈与承継会社の経営承継受贈者が，他の会社のそれになることについては制限がなく，例えば，複数の会社からなる非上場会社グループを1人で承継する場合でも，それぞれについて納税猶予及び免除特例が認められる。

(5) 納税猶予される贈与税額の計算（措法70条の7①）

納税猶予される贈与税額は，特例贈与非上場株式等の価額を経営承継受贈者に係る年分の贈与税の課税価格とみなして，相続税法に基づき計算する。ただし，当該会社又はその特別関係会社であって当該会社との間に支配関係がある法人が，外国会社[40] その他政令[41]で定める法人の株式等を有する場合には，その株式等を有していなかったものとして計算される。すなわち，会社が有する在外子会社株式等の評価額については納税猶予の特例を受けることができないことになる。また，平成25年税制改正により，資産保有型会社に該当する会社が，上場会社の株式総数の3％以上を保有している場合には，当該部分も同じ扱いとなった[42]。なお，この制度では相続税精算課税は適用されない。

納税猶予される贈与税額は，(1)に述べたように，贈与された株式等のうち，認定贈与承継会社の議決権の3分の2までの部分についてである。ただし，経営承継受贈者が贈与の前から当該非上場株式を有している場合もある

ので，具体的には以下の計算による。

> A） 贈与直前に贈与者の有していた株式の数
> B） （発行済株式数×２／３－経営承継受贈者が贈与直前に有していた株式等の数）
>   １） A）≧B）の場合にはB）の株式数が対象となる。
>   ２） A）＜B）の場合にはA）の株式数が対象となる。

例１　納税猶予贈与税額の計算

> １） 先代経営者（父親）の贈与直前の保有株数　　25,000株（すべて贈与した）
> ２） 発行済議決権付株式の総数　　　　　　　　　30,000株
> ３） １株当たりの相続税評価額　　　　　　　　　10,000円
> ４） 経営承継受贈者の贈与直前の保有株数　　　　3,000株
>   ・納税猶予の対象となる株式数
>   25,000株≧30,000株×$\frac{2}{3}$－3,000株　∴17,000株
>   ・贈与税の課税価額　　　25,000株×10,000円＝250,000,000円
>   ・通常の計算による税額※
>   （250,000,000円－1,100,000円）×55％－6,400,000円
>   ＝130,495,000円
>   ・猶予される贈与税額
>   （17,000株×10,000円－1,100,000円）×55％－6,400,000円
>   ＝86,495,000円
>   ・差引納税額　　130,495,000円－86,495,000円＝44,000,000円
>   ※平成27年より適用される税率で，直系尊属からの贈与とした。

(6) 手続き（措法70条の７①）

具体的な手続きとしては，まず贈与を行い[43]，その後に経済産業大臣の認定（円滑化法12条第１号，円滑化法施行規則６条第７号）を受けたうえで，確定申告期限までに贈与税の申告・担保提供を行うこととなる（図表Ⅱ-３）。なお，特例受贈非上場株式等の価額の合計額が当該納税猶予分の贈与税に満たない場合であっても，そのすべてを担保提供すれば，納税猶予額

図表Ⅱ-3 贈与税の納税猶予の流れ

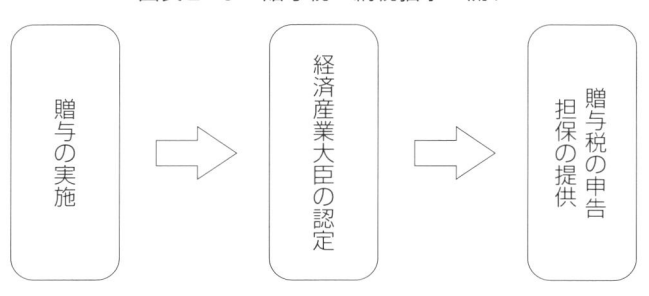

贈与の実施 → 経済産業大臣の認定 → 贈与税の申告 担保の提供

に相当する担保が提供されたとみなされる。さらに，平成25年税制改正によって株券の発行は不要とされた。

(7) 経営贈与承継期間中の報告（措法70条の7⑩）

　贈与による経営の承継において，円滑化法の要請に従って経営を行わなければならない期間を「経営贈与承継期間」という。経営贈与承継期間は原則として5年間であるが，その期間中は納税猶予期限の終了事由が生じていないことが必要とされる。終了事由については(8)において述べるが，当該期間中は，各第一種贈与基準日から5カ月以内に，引き続きその適用を受けたい旨，及び会社の経営に関する事項を記載した届出書を納税地の税務署長に提出しなければならない。「第一種贈与基準日」とは，贈与の日の属する年分の贈与税の申告書提出期限の翌日から1年を経過するごとの日をいう。なお，その際には経済産業大臣の確認書の添付が必要とされているため，事前に経済産業大臣への報告も義務付けられている。

　また，経営贈与承継期間の末日の翌日から贈与税の免除が確定するまで3年を経過するごとの日は，「第二種贈与基準日」とよばれ，この日から3カ月以内に，納税地の税務署長への報告が必要となる。この場合には経営贈与承継期間が終了しているために，経済産業大臣に報告する義務はない。

(8) 経営贈与承継期間中における納税猶予期限の終了（措法70条の7④）：猶予の取消

経営贈与承継期間中における納税猶予期限の終了事由としては以下のものがある。

① 経営贈与承継者が代表権を有しなくなった場合[44]。
② 経営贈与承継期間の認定贈与承継会社における常時使用従業員の平均数が，各第一種贈与日の100分の80を下回った場合（措法施行令40条の8㉓）。
③ 経営承継受贈者とその特別の関係がある者が有する議決権の数が100分の50を下回った場合。つまり，経営承継受贈者のグループが支配権を喪失した場合である。
④ 経営承継受贈者の特別の関係がある者の議決権が，経営承継受贈者の議決権を超えた場合。つまり，経営承継受贈者が筆頭株主グループの筆頭株主ではなくなった場合である。
⑤ 特例受贈非上場株式の一部を譲渡または贈与した場合。
⑥ 特例受贈非上場株式の全部を譲渡または贈与した場合[45]。
⑦ 特例贈与承継会社が会社分割により剰余金の配当をした場合，あるいは組織変更をして株式等以外の財産の交付があった場合。
⑧ 特例贈与承継会社が解散した，または解散とみなされた場合[46]。
⑨ 認定贈与承継会社が資産保有型会社または資産運用型会社である場合に，(1)ロで述べた要件を満たさなくなった場合。
⑩ 認定贈与承継会社の総収入金額が零となった場合。
⑪ 認定贈与承継会社が欠損填補以外の目的で資本金及び準備金の減少をした場合。
⑫ 特例承継受贈者が納税猶予の適用をやめる届出書を納税地の所轄税務署長に提出した場合。
⑬ 認定贈与承継会社が合併により消滅した場合。ただし，財務省令で定める適格合併[47]をした場合を除く。

⑭　株式交換または株式移転（あわせて株式交換等）により認定贈与承継会社が他の会社の株式交換完全子会社となった場合。ただし，財務省令で定める適格交換等[48]）をした場合を除く。

⑮　認定贈与承継会社の発行する株式が非上場株式ではなくなった場合。

⑯　認定贈与承継会社が風俗営業会社に該当することとなった場合。

⑰　その他認定贈与承継会社の円滑な事業の運営に支障を及ぼすおそれがある場合[49]）

　経営贈与承継期間中に上記の事由により納税猶予期限が終了した場合には，納税猶予は取消となり，納税猶予されていた税額の全額をその事由の生じた日から2カ月以内に納付しなければならない。さらに，この場合には納税猶予期間中の利子税もあわせて納付しなければならない[50]）。

　また平成25年税制改正によって，上記②によって納税猶予期間が終了した場合に限り，これを物納するか，もしくは延納することも認められた。

(9) 経営贈与承継期間終了後における納税猶予期間の終了（措法70条の7⑥）

　経営贈与承継期間が終了した後も，贈与税は納税猶予であるため，納税猶予期限が終了した場合には，納税猶予されていた贈与税を納付することになる。そこでは納税猶予中の贈与税額の全額が対象となる場合と，一部が対象となる場合がある。

　1）全額が対象となる場合
　　(8)に述べた⑥，⑧～⑫に掲げる場合
　2）一部が対象となる場合
　　・特例受贈非上場株式の一部を譲渡または贈与した場合
　　・認定贈与承継会社が合併により消滅した場合
　　・認定贈与承継会社が株式交換等により他の会社の完全子会社となった場合
　　・認定贈与承継会社が会社分割をして剰余金の配当をした場合

・認定贈与承継会社が組織変更をして剰余金の配当をした場合

　株式の一部を譲渡または贈与した場合には，納税猶予となっていた株式の数に対して，譲渡または贈与した株式数に相当する部分の税額について，納税猶予期間の終了となり，当該部分を納付することになる。他の場合も基本的に同様な考え方で納税猶予期間の終了する税額が計算される。

　これらの納付に併せて，利子税も納付しなければならないが，平成25年税制改正により，経営贈与承継期間中の金利は０％とされた。

　これから分かるように，経営贈与継承期間中の終了要件であった「経営承継受贈者が代表者ではなくなること」は，承継期間終了後においては納税猶予期間終了の要件にはならない。すなわち，継承期間終了後は代表者が変更されても納税猶予関係に影響を与えない。つまり期間終了後は「分離型」で良いということになる。

　同様に，(8)に述べた③，④及び⑮も対象とならないため，会社の増資等による支配権の喪失や，非上場会社でなくなることも納税猶予期間終了の要件にはならない。

⑽　猶予中贈与税の免除（措法70条の7 ⑯，⑰）

　猶予中贈与税が免除されるのは，贈与者が死亡した場合，もしくは当該贈与者の死亡以前に当該経営承継受贈者が死亡した場合である。この場合には贈与税額自体が免除されるため，(8)及び(9)に述べた納税猶予期間の終了規定は適用されなくなる。

　しかし，贈与者が死亡した場合には，贈与を受けた認定贈与承継会社の非上場株式等は相続によって取得したものとみなされ，7に述べるように相続税の特例を受け，必要があれば8に示すように相続税の納税猶予及び免除特例に切り替えることができる。

　また，経営贈与承継期間の末日の翌日以降において，次に該当する場合には，猶予中贈与税額から，まず過去５年以内において経営承継受贈者及びそれと生計を一にする者が会社から受けた剰余金の配当等の額の合計を控除

し，さらに当該株式の時価と譲渡（合併，株式交換，株式移転を含む）対価を控除した残額について免除される。
① 特例受贈非上場株式の一括譲渡で，次に該当するもの。
・経営承継受贈者がその特別の関係がある者以外の者のうちの1人の者に対する譲渡
・民事再生法に規定による再生計画もしくは会社更生法の規定による更生計画の認可の決定があった場合，あるいは中小企業生成支援協議会での事業再生決定があった場合において，当該再生計画もしくは当該更生計画に基づき消却する場合。
② 破産手続の開始の決定又は特別清算開始の命令があった場合
③ 合併により消滅した場合。ただし，吸収合併存続会社が経営承継受贈者と特別の関係がある者以外のものであり，かつ，合併に際して当該吸収合併存続会社の株式等の交付がない場合に限られる。
④ 株式交換，株式移転により他の会社の完全子会社となった場合。ただし，当該会社が経営承継受贈者と特別の関係がある者以外のものであり，かつ，株式交換等に際して当該会社の株式等の交付がない場合に限られる。

また，平成25年税制改正により，認定贈与承継会社について民事再生計画または会社更生計画の認可の決定があった場合において，当該会社が有する資産につき評定が行われたときは，その認可決定日における株式の価額を当該贈与の価額としてみなして計算された「再計算猶予中贈与税額」をもって猶予中贈与税額とすることとされた。

6　相続税の納税猶予及び免除特例の概要（措法70条の7の2）

相続税の納税猶予及び免除特例とは，認定承継会社（後述(1)）の代表権を有していた被相続人（後述(2)）から相続または遺贈により，その認定承継会社の非上場株式等を取得した経営承継相続人等（後述(3)）が，以下の①から

③のすべての要件を満たした場合に，その者が相続開始の直前に有していたものも含めて，当該認定承継会社の発行済議決権株式の総数または出資の総額の3分の2に達するまでの部分（以下「特例相続非上場株式等」という）を限度として，当該相続または遺贈にかかる「納税猶予分の相続税額」を，原則としてその経営承継相続人等の死亡の日まで，その納税を猶予することとされているものである。

① 相続税の期限内申告をしたこと
② 同申告書にこの制度の適用を受ける旨の記載があること
③ 申告期限内に担保の提供があること

納税猶予分の相続税額は，相続等により取得した非上場株式等に対する課税価格の10分の8に対応する相続税額とされている。つまり，贈与税の猶予の時点では贈与税額のすべて（3分の2に達するまでの金額に限る）が納税猶予されたのに対し，相続税の納税猶予においては猶予されるのは税額の80％で，残りの20％については原則として申告と同時に納税することになる。

納税を猶予された相続税は，経営を承継する（株式等を保有し続ける）限りにおいて，最終的には免除されることになる。80％とされたのは個人事業者の相続において認められている事業用宅地等について，その価額の80％相当額が相続税の課税価格から除外されているのと平仄（ひょうそく）を合わせるためとされている[51]。

(1) 対象となる会社（措法70条の7の2②1号）

これは「認定承継会社」とよばれ，中小企業者のうち，経済産業大臣認定を受けた会社で，「認定贈与承継会社」と同じ要件を満たしている会社である。

(2) 対象となる株式（措法70条の7の2②2号）

これは「特例非上場株式等」とよばれ，内容は贈与の場合と同じである。

ただし，相続税の申告書の提出期限までに，共同相続人または包括遺贈者によってまだ分割されていない部分については，制度の適用を受けることができない（同⑦）。

(3) **被相続人**

認定承継会社の代表権を有していた個人であり，当該相続開始の直前に，その特別の関係がある者と共に議決権の50％超の株式を保有し，かつ，その筆頭者であった者をいう。なお，相続開始の直前において被相続人が代表権を有していない場合には，当該個人が当該代表権を有していた期間内のいずれかの時でもよいとされる（措法施行令40条の8①）。また，(4)と異なりひとつの会社で1人との制限はないため，上記要件さえ満たせば複数の者が被相続人に該当する[52]。

(4) **納税猶予もしくは免除を受ける者（措法70条の7の2②3号）**

これは「経営承継相続人等」とよばれ，相続または遺贈により認定承継会社の非上場株式等の取得をした個人で，以下の要件を満たす者であるが，贈与と同様にその者が二以上ある場合には，当該認定承継会社が定めた一の者に限るとされている（同条②3号）[53]。

　イ　当該個人が，当該相続の開始の日の翌日から5月を経過する日において，当該認定承継会社の代表権を有していること。

　ロ　当該相続の開始の時において，当該個人及びその特別の関係がある者の有する係る議決権の数の合計が，100分の50を超える数であること。

　ハ　当該相続の開始の時において，当該個人が有する議決権の数が，その特別の関係がある者のうち，いずれの者が有する議決権の数をも下回らないこと。

　ニ　当該個人が，当該相続の開始の時から当該相続に係る相続税の申告書の提出期限（当該提出期限前に当該個人が死亡した場合には，その

死亡の日）まで引き続きその株式等の全てを有していること。
　ホ　当該個人が，当該認定承継会社の経営を確実に承継すると認められる要件として財務省令で定めるものを満たしていること[54]。

　これから分かるように贈与税における経営承継受贈者と同様，株式を取得した個人は代表権を有していなければならないので，「非分離型」の承継であることが要求されている。

(5) 納税猶予される相続税額の計算（措法70条の7の2②5号）

　特例非上場株式等の価額を，経営承継相続人等に係る相続税の課税価格とみなして相続税法第13条[55]から第19条までの規定を適用して政令で定めたところにより計算した額から，同様にその100分の20を相続税の課税価格とみなして計算した金額を控除して求められる。納税猶予の対象となるのは贈与の時と同様に，認定承継会社の議決権のうち3分の2に達するまでの部分である。ここで贈与の場合と異なるのは，20％分の税額は納税猶予とはならないことである。また贈与と同様に，会社が所有している外国子会社株式等の評価額部分は納税猶予の対象とはならない。

　例2　納税猶予相続税額の計算

```
認定承継会社：Y社
              （発行済株式総数は60,000株でありすべて議決権株式である）
被相続人　　：S（Y社の代表取締役で，相続開始直前で50,000株所有）
相続人　　　：A（経営承継相続人であり，Sの相続開始直前で5,000株所有）
              B（Aの妹）
相続財産　　：預金130,000,000円，上場会社株式270,000,000円，
              Y社株式300,000,000円（50,000株@6,000円）
                                                    （計700,000,000円）
Aの取得財産：預金60,000,000円，Y社株式300,000,000円，
                                                    （計360,000,000円）
Bの取得財産：預金70,000,000円，上場会社株式270,000,000円
                                                    （計340,000,000円）
```

(1) 通常の相続税額の計算
　① 課税価格の合計額　　　　　　　　　　　　　700,000,000円
　② 課税遺産総額（平成27年より適用される基礎控除を使用）
　　　700,000,000円 －（基礎控除30,000,000円 ＋ 6,000,000円 × 2）
　　　　　　　　　　　　　　　　　　　　　　＝ 658,000,000円
　③ 相続税の総額（平成27年より適用される税率を使用）
　　（イ）相続人A：658,000,000円 × $\frac{1}{2}$ × 50％ － 42,000,000円
　　　　　　　　　　　　　　　　　　　　　　＝ 122,500,000円
　　（ロ）相続人B：658,000,000円 × $\frac{1}{2}$ × 50％ － 42,000,000円
　　　　　　　　　　　　　　　　　　　　　　＝ 122,500,000円
　　（ハ）（イ）＋（ロ）＝ 245,000,000円
　④ 各人の相続税額
　　　A：245,000,000円 × $\frac{360,000,000}{700,000,000}$ ＝ 126,000,000円
　　　B：245,000,000円 × $\frac{340,000,000}{700,000,000}$ ＝ 119,000,000円※
　　　　　　　　　　　　　　　　※Bの税額はこれで確定する。

(2) 特例非上場株式等の価格
　　発行済株式総数60,000株 × $\frac{2}{3}$ － Aの相続開始直前保有株数5,000株
　　　　　　　　　　　　　　　　　　　　　　＝ 35,000株
　　50,000株 ＞ 35,000株　∴ 35,000株
　　35,000株 × @6,000円 ＝ 210,000,000円

(3) Aが特例非上場株式等のみを相続した場合の計算
　① 課税価格の合計額
　　　特例非上場株式等の価格210,000,000円
　　　　　＋Bの取得財産340,000,000円 ＝ 550,000,000円
　② 課税遺産総額
　　　550,000,000円 －（基礎控除30,000,000円 ＋ 6,000,000円 × 2）
　　　　　　　　　　　　　　　　　　　　　　＝ 508,000,000円
　③ 相続税の総額
　　（イ）相続人A：508,000,000円 × $\frac{1}{2}$ × 45％ － 27,000,000円
　　　　　　　　　　　　　　　　　　　　　　＝ 87,300,000円
　　（ロ）相続人B：508,000,000円 × $\frac{1}{2}$ × 45％ － 27,000,000円
　　　　　　　　　　　　　　　　　　　　　　＝ 87,300,000円
　　（ハ）（イ）＋（ロ）＝ 174,600,000円

④ Aの相続税額

$$A：174,600,000円 \times \frac{210,000,000}{550,000,000} = 66,665,454円$$

（4） Aが特例非上場株式等の20％のみを相続した場合の計算

① 課税価格の合計額

特例非上場株式等の価格の20％　42,000,000円※

＋Bの取得財産340,000,000円＝382,000,000円

（※210,000,000円×20％）

② 課税遺産総額

382,000,000円－（基礎控除30,000,000円＋6,000,000円×2）

＝340,000,000円

③ 相続税の総額

（イ）相続人A：$340,000,000円 \times \frac{1}{2} \times 40\% - 17,000,000円$

＝51,000,000円

（ロ）相続人B：$340,000,000円 \times \frac{1}{2} \times 40\% - 17,000,000円$

＝51,000,000円

（ハ）（イ）＋（ロ）＝102,000,000円

④ Aの相続税額

$$A：102,000,000円 \times \frac{42,000,000}{382,000,000} = 11,214,659円$$

（5） 相続人Aの納税猶予額

（3）－（4）＝66,665,454－11,214,659＝55,450,795円

∴　55,450,700円　（百円未満切り捨て）

（6） 相続人Aの納税額

（1）の計算額126,000,000円－55,450,700円＝　70,549,300円

(6) 手続き

具体的な手続きとしては，相続の発生後に経済産業大臣の認定を受けたうえで，相続税の申告期限までに相続税の申告・担保提供を行うこととなる。なお，特例非上場株式等の価額の合計額が当該納税猶予分の相続税に満たない場合であっても，そのすべてを担保提供すれば，納税猶予額に相当する担保が提供されたとみなされる。

(7) 経営承継期間中の報告（措法70条の7の2⑩）

　贈与税における経営贈与承継期間に相当するものが「経営承継期間」である。経営承継期間は，相続税の申告書の提出期限の翌日から5年間を経過する日又は当該相続に係る経営承継相続人等の死亡の日のいずれか早い日までの期間である。経営承継期間中は申告書の提出期限の翌日から1年を経過するごとの日を「第一種基準日」とし，その翌日から5カ月以内に引き続いて納税猶予の適用を受けたい旨，及び認定承継会社の経営に関する事項を記載した届出書を所轄の税務署長に提出しなければならないが，贈与税の場合と同様に，経済産業大臣の確認書の添付が必要とされているため，事前に経済産業大臣への報告も義務付けられている。

　また，経営承継期間の末日の翌日から納税猶予の期限が確定するまで3年を経過するごとの日は「第二種基準日」とよばれ，この日から3カ月以内に，納税地の税務署長への報告が必要となる。ただし，経営承継期間が終了しているために，経済産業大臣に報告する義務はない。

(8) 経営承継期間中における納税猶予期限の終了（措法70条の7の2③，④）

　経営承継期間中における納税猶予の終了要件は，贈与税の場合と同じである。

(9) 経営承継期間終了後における納税猶予期間の終了（措法70条の7の2⑤）

　経営承継期間終了後における納税猶予期間の終了要件は，贈与税の場合と同じである。

(10) 猶予中相続税の免除（措法70条の7の2⑯，⑰）

　猶予中の相続税が免除されるのは，経営承継相続人等が，死亡した場合，あるいは新たな経営承継受贈者に贈与を行った場合である。

　これ以外の規定は，贈与税の場合と同じである。

7　非上場株式等の贈与者が死亡した場合の相続税の課税の特例
（措法70条の7の3）

　5で述べたように，経営承継受贈者が前代表者から贈与を受けた認定贈与承継会社の特例受贈非上場株式等に対する贈与税の納税義務は，贈与者の死亡によって免除されるが，それに伴い経営承継受贈者は，免除の対象となった特例受贈非上場株式等を贈与者から相続（または遺贈）によって取得したとみなされる（措法70条の7の3）。

　なお，相続税の課税価格の計算の基礎に算入すべき当該特例受贈非上場株式の価額は，当該贈与の時における価額を基礎として計算される。

8　非上場株式等の贈与者が死亡した場合の相続税の納税猶予及び免除（措法70条の7の4）

　7の適用により相続によって取得したとみなされた当該非上場株式については，贈与税の納税猶予・免除を経て，さらに相続税の納税猶予を受けることができる。これは「特例相続非上場株式等」とよばれる。

(1)　対象となる会社（措法70条の7の4②1号）
　対象となる会社は「認定相続承継会社」とよばれ，5において述べた認定贈与承継会社の要件に加えて，当該会社が円滑化法の中小企業者であることが必要とされている。これは経営贈与承継期間終了後に中小企業者に該当しなくなっている可能性もあるためである。

(2)　納税猶予もしくは免除を受ける者（措法70条の7の4②3号）
　納税猶予等を受ける者は「経営相続承継受贈者」とよばれ，以下の要件が必要とされている。
　イ　その者が，当該相続の開始の日において，当該認定相続承継会社の代

表権を有していること。
ロ 当該相続の開始の時において，その者及びその者と特別の関係がある者の有する議決権の数の合計が，100分の50を超える数であること。
ハ 当該相続の開始の時において，その者が有する議決権の数が，その特別の関係がある者のうち，いずれの者が有する議決権の数をも下回らないこと。

(3) 納税猶予される相続税額の計算（措法70条の7の2②4号）

これは，当該贈与の時における価額を基礎として，6(5)と同じように計算される。

(4) 経営相続承継期間（措法70条の7の4②5号）

この規定に基づく承継期間は「経営相続承継期間」とよばれる。これは贈与税の申告書の提出期限の翌日から5年を経過する日までに贈与者が死亡した場合にはその5年までの期間（すなわち経営贈与承継期間の残りの期間），又は経営相続承継受贈者の死亡の日の前日のいずれか早い日までとされている。

一方，贈与から基本的に5年間が経過している場合には，経営贈与承継期間が終了しているため，経営相続承継期間はないことになる。

(5) その他

これ以外の規定は，通常の相続の場合と同じである。

9 日本の納税猶予及び免除特例が「非分離型」を採用している理由

以上述べてきたように，先代経営者から経営を引き継ぐ者は，それぞれ円滑化法では「後継者」，措法に基づく相続税の納税猶予及び免除特例では

「経営承継相続人等」，贈与税の納税猶予及び免除特例では「経営承継受贈者」，として規定されている。これらはいずれも，株式等を承継し，かつ，当該会社の代表権を有することを要求している。つまり株式会社の場合には，議決権の過半数以上を保有する「株式の所有」と，代表権を有して業務執行する「経営」の分離がなされていない「非分離・親族型」もしくは「非分離・非親族型」の承継が条件となっている。これは，Ⅲに述べるイギリスやドイツなどには見られない方式であり，日本法の特徴的なものであるといえる。

円滑化法では民法の特例である固定合意や追加合意についても定めているが，民法に定める遺留分の減殺請求は相続人が侵害された遺留分を主張し，相続開始前に財産を取得した他の相続人等に対して減殺請求を行うものである。すると遺留分に関する相続開始前の取り決めは推定相続人間に限って行われるので，民法特例の承継者として推定相続人のみを対象としているのは，それが代表者となることを除き当然といえる。

しかし民法の遺留分制度のように法律関係が限定されない措法の納税猶予及び免除特例において，非分離型しかその適用を定めなかったのは以下のような考えに基づいていると推定される。

(1) 中小企業庁における承継の考え方

平成25年税制改正以前では，非分離型といっても「非分離・親族型」しか認められていなかった。それは中小企業庁が，経営の承継による株式所有と経営の分離に関しては否定的な立場であったためであり，これは中小企業庁（2006，169頁）の以下の記述により明らかである。

「中小企業においては一般に，会社の所有と経営が十分に分離されておらず，個人企業は無論のこと，会社企業であっても経営者に株式の過半が集中しているのが常態である。この場合，優秀な役職員に「代表取締役社長」の席を譲っただけでは，全く事業承継にならない。単に，先代経営者が議決権を支配するオーナー，現経営者が雇われサラリーマン社長，という関係にな

るだけである。その場合でも，先代が存命のうちは経営にあまり支障は生じないだろうが，先代が亡くなり株式の相続が発生した瞬間に問題が生ずる。会社の株はオーナー一族の何人かに相続され，被相続人の意見が一致する保証はない上に，その会社の経営に何らの想い入れや愛着も持ち合わせていない可能性もある。そこで中小企業経営者は，会社議決権（株式）の相続に伴う混乱を回避しようと思ったときは，後継者に「代表取締役社長」の席を譲ると同時に，自身の持株も譲る必要が出てくる。持株を譲る方法は２つある。〔１〕誰かに買わせるか，〔２〕子息，親族に相続させるかである。」

　加えて，日本の中小企業におけるもうひとつの特殊性として，「中小企業経営者のうち約８割は会社の借入に対して個人保証を提供している」ことをあげており，後継者が個人保証を引き受けることによって生じるリスクを考慮して，従業員等が後継者になりたがらない傾向があることに着目し，個人保証の存在が承継に重要な影響を与えているとしている。一方で，保証人としての地位は相続の対象になり，もともと相続人は保証債務を引き継がざるを得ないことから，経営の承継によってそのリスクが増加するわけではない，とも考えていたのであろう。

　このように相続によって会社の議決権に混乱が生じる可能性を回避するため，また個人保証の存在にも考慮して「非分離・親族型」を想定したと考えられる。

　さらに，平川ほか（2008，16頁）によれば，「導入される事業承継税制に関し，親族外承継には適用されないのかという指摘がありました。親族外承継には適用されないのですが，その理由は親族外の方に，ただで遺贈してしまう例が全く見当たらなかったからです。」という当時の中小企業庁財務課課長の発言が紹介されている。すると「親族外にただで遺贈してしまう」という前提を置いていることから，「分離型」の概念は全く考慮されていないことが分かる。このように，「非分離・親族外型」については贈与もしくは遺贈の例がないということに着目して，当初は納税猶予及び特例の対象外としていたのに，平成25年税制改正で親族外についても対象としたことについ

ては，情勢が変わったということであろうか。

(2) **農地の納税猶予との対比**

　納税猶予及び免除特例は，農地の納税猶予の特例（措法70条の４，同70条の６）を参考にしているともいわれている。例えば品川（2008a，41頁）によれば，かねてから中小企業の団体が商工業者にも農地の納税猶予特例と同様なものを認めるべきであると要求していたことから，その内容と相似するように立法されたとしている。図表Ⅱ-４は，農地等の納税猶予特例と非上場株式等の納税猶予及び免除特例について，贈与者・被相続人と受贈者・相続人の主なものについて比較し，筆者が作成したものである。つまり，農地等の納税猶予特例においては，農地の相続人と農業経営者は同一の者であり，さらにその対象者は円滑化法の民法特例と同様，相続人に限られている。また農地のそれは農業委員会が証明を行ったものに対し認められ，非上場株式等のそれも前述したように経済産業省の認定を必要とする点も，公的機関の承認を受けるという点で同じである[56]。

　ただし，農地等と異なり非上場株式の納税猶予及び免除特例は相続人だけではなく当初から親族までその適用が広められていた。これは円滑化法施行前の旧措法69条の５に定められていた，「取引所相場のない株式等の相続税の課税価格の減額特例」においても同様であったことによるが，その後平成25年税制改正により，親族要件も撤廃された。

　以上に述べてきた背景をもって，現行法の納税猶予及び特例は「非分離・親族型」もしくは「非分離・親族外型」を採用したと考えられる。

図表Ⅱ-4　農地等の納税猶予特例との比較

項　目		農地等の納税猶予特例	非上場株式等の納税猶予及び免除特例
(贈与税の納税猶予)			
贈与者		農地等の贈与の日までに引き続き3年以上農業を営んでいた個人	会社の代表権を有していた個人
受贈者	範囲	贈与者の推定相続人	制限なし（2015年以降）
	年齢	贈与の日において18歳以上	贈与の日において20歳以上
	経験	当該贈与の日まで引き続き3年以上農業に従事していた者	当該贈与の時において会社の代表権を有しており、当該贈与の日まで引き続き3年以上にわたり会社の役員その他の地位を有している者
	承継	贈与を受けたのち速やかにその贈与を受けた農地等により農業経営を行うこと	当該認定承継会社の経営を確実に承継すると認められる要件として財務省令で定めるものを満たしていること
(相続税の納税猶予)			
被相続人		死亡の日まで農業を営んでいた個人又は農地等の生前一括贈与をした個人	認定承継会社の代表権を有していた被相続人
相続人	範囲	被相続人の相続人	制限なし（2015年以降）
	承継	相続税の期限内申告書の提出期限までに農業経営を開始し、その後も引き続き農業経営を行うと認められること	当該相続の開始の日の翌日から5月を経過する日において、当該認定承継会社の代表権を有しており、かつ、当該個人が、当該認定承継会社の経営を確実に承継すると認められる要件として財務省令で定めるものを満たしていること

10　非上場株式等に係る納税猶予及び免除特例のまとめ

　以上，日本における非上場株式に関する贈与税および相続税の特例について述べたが，その概要をまとめると図表Ⅱ-5のようになる。
　ここで，日本法において特徴と考えられる点は以下のようになろう。
　(1)　相続税額等が計算される納税猶予制度であること。
　　　日本法では，非上場株式についていったん相続税額を計算している。
　　つまり，納税猶予及び免除特例要件を満たすか否かは別として，いったん

図表Ⅱ-5　非上場株式等に係る納税猶予及び免除特例

項　　目	内　　容
対象となる株式	・中小企業者の発行する非上場株式
贈与者・被相続人の要件	・会社の代表者もしくは代表者であった個人で，その特別の関係がある者と共に議決権の50％超の株式を保有し，かつ，その筆頭者であった者。
取得者の要件	・贈与の場合，3年以上会社の役員であり，贈与時に会社の代表者（贈与者の親族外も可）であること。 ・相続の場合には，相続開始後5カ月以内に代表者（被相続人の親族外も可）であること。 ※非分離型であること。
取得者（相続人等）に要求される持株比率	・取得後に，その特別の関係がある者と共に議決権の50％超の株式を保有し，かつ，その筆頭者であること。
恩典の内容	・贈与税は計算されるが，議決権の3分の2に達する部分までの全額につき，贈与者の死亡または取得者の死亡まで納税猶予される。その後贈与者が死亡した場合には，相続財産に加算される。 ・相続税は計算されるが，議決権の3分の2に達する部分までの80％につき，取得者の死亡まで納税猶予される。
非事業用資産の取扱い	・総資産中の非事業用資産の割合が，70％以上となると適用に制限がある。しかし，原則的には事業所が存在し，事業を営み，5名以上の親族外従業員がいれば問題はない。
事業継続要件（主なもの）	・取得後5年間は平均で雇用人数の8割を維持すること。 ・取得者が代表者であること。 ・取得者が本人及びその特別の関係がある者と共に議決権の50％超の株式を保有し，かつ，その筆頭者であること。
継続要件中の取消	・5年間の継続要件を満たせなかった場合には，継続期間に係らず納税猶予の全額が取り消される。
継続要件期間終了後の売却等（主なもの）	・猶予されていた相続税額のうち，売却に対応する部分について納付する。ただし，その間の利子税が計算される。 ・譲渡時に収入から差し引かれる取得費は被相続人等の取得価額を引き継ぐ。
最終的な相続税の免除時点	・相続した本人が死亡した場合。 ・ただし，本人の納税が無理な場合には免除規定がある。

ん他の相続税等が課税される財産と同様に税額を算定し，当該非上場株式を取得した者に対して，要件を満たす場合には納税を猶予するというものであり，財産の特性よりは取得した個人の特性に焦点を当てた制度

(2) 措法において定められているため，これは優遇措置として扱われていると考えられる。

　つまり措法は租税特別措置であり，これは渡瀬（2008，8頁）によれば概念的に曖昧としながらも，「政策目的のために，課税の公平と税収の確保をある程度犠牲にして，特定の経済活動・部門・主体に税の減免と繰延という優遇措置を与える」ものとされている。よって条文の配置上はあくまで政策によって設けられた優遇税制ということになっている。

(3) 株式を有していた被相続人もしくは贈与者と，株式を取得する者の両者に要件が課されている。

　日本は遺産取得課税方式を採用していると考えられ，相続税の性格は遺産を取得した者に対する財産の増加に担税力を見出して課税する所得税の補完的な税であるのに対し，非上場株式について納税猶予及び免除等例を認める要件は，その株式を有していた者と，相続遺贈によって取得した者の両方の要件が要求されている。つまり，この部分については遺産課税方式と遺産取得課税方式の両方の要件が課されているようにも考えられる。

(4) 「非分離型」のみである。

　再三の指摘となるが，日本の制度は「非分離型」しか適用がないということである。すなわち，株式を取得した者が自ら当該非上場会社の代表者となり，かつ，その者と特別の関係がある者と共に議決権総数の過半数を所有していなければならない。

註

1) 橋本（2011）5-9頁。
2) 贈与税の非課税財産としては以下のようなものがある（相続税法21条の3，4）。
　・法人からの贈与により取得した財産（所得税法上の一時所得となる）

・扶養義務者相互間において生活費又は教育費に充てるためにした贈与により取得した財産のうち通常必要と認められるもの
・宗教，慈善，学術その他公益を目的とする事業を行う者が贈与により取得した財産で当該公益を目的とする事業の用に供することが確実なもの
・特定公益信託で財務大臣の指定するものから交付される金品等で財務大臣の指定するもの
・条例の規定により地方公共団体が精神又は身体に障害のある者に関して実施する共済制度に基づいて支給される給付金を受ける権利
・選挙における公職の候補者が選挙運動に関し贈与により取得した金銭，物品その他の財産上の利益で選挙運動に関する収入及び支出の報告書の提出の規定による報告がなされたもの
・相続税の非課税財産
・特別障害者に対する信託受益権

また時限立法として，「直系尊属から住宅取得等資金の贈与を受けた場合の贈与税の非課税（措法70条の2）」や，平成25年改正では「教育資金の一括贈与に係る贈与税の非課税措置」などがある。

3) 相続税法21条の5では年額60万円であるが，措法70条の2の2により年額110万円とされている。
4) この他に配偶者控除（居住用不動産について2,000万円まで）がある。
5) みなし相続財産としては以下のようなものがある（相続税法3条）。
　　・死亡保険金（生命保険金・損害保険金）
　　・死亡退職金，功労金，弔慰金（一定額を除く）
　　・生命保険契約に関する権利
　　・定期金に関する権利（個人年金など）
　　・遺言によって受けた利益（借金の免除など）
6) 非課税財産としては，以下のようなものがある（相続税法12条，措法70条）。
　　・墓地や墓石，仏壇，仏具，神を祭る道具など日常礼拝をしているもの
　　・宗教，慈善，学術，その他公益を目的とする事業を行う一定の個人などが相続や遺贈によって取得した財産で公益を目的とする事業に使われることが確実なもの
　　・地方公共団体の条例によって，精神や身体に障害のある人又はその人を扶養する人が取得する心身障害者共済制度に基づいて支給される給付金を受ける権利
　　・相続によって取得したとみなされる生命保険金のうち500万円に法定相続人の数を掛けた金額までの部分
　　・相続や遺贈によってもらったとみなされる退職手当金等のうち500万円に法定相続人の数を掛けた金額までの部分
　　・個人で経営している幼稚園の事業に使われていた財産で一定の要件を満たすもの
　　・相続や遺贈によって取得した財産で相続税の申告期限までに国又は地方公共団体や公益を目的とする事業を行う特定の法人に寄附したもの，あるいは，相続や遺

贈によってもらった金銭で，相続税の申告期限までに特定の公益信託の信託財産とするために支出したもの

7) 基礎控除は平成27年より3,000万円＋法定相続人の数×600万円であるが，この法定相続人の数には養子の制限があり，実子がいない場合は2人まで，いる場合には1人までしか含まれない。

8) 税額控除には，配偶者の税額軽減，未成年者控除，障害者控除，相次相続控除，暦年課税分の贈与税控除，相続時精算課税分の贈与税控除等がある。

9) 昭和39年4月25日直資第56号直審（資）第17号。

10) 評価については，財産評価基本通達に基づくことが一般的であるが，東京地裁平成4年3月11日判決では，「租税平等主義という観点からして，評価基本通達に定められた評価方式が合理的なのものである限り，これが形式的にすべての納税者に適用されることによって租税負担の実質的な公平をも実現できるものと解されるから，特定の納税者あるいは特定の相続財産についてのみ右通達に定める方式以外の方法によってその評価を行うことは，たとえその方法による評価額がそれ自体としては相続税法22条の定める時価として許容できる範囲内のものであったとしても，納税者間の実質的負担の公平を欠くことになり，許されないものというべきであるが，他方，右の評価方式を画一的に適用するという形式的な平等を貫くことによって，かえって，実質的な租税負担の公平を著しく害することが明らかな場合は，別の評価方式によることが許されるものと解すべきである。」としている。

11) 大会社，小会社，中会社の区分は以下のようになっている（財産評価基本通達178）。

規模区分	区分の内容		総資産価額（帳簿価額によって計算した金額）及び従業員数	直前期末以前1年間における取引金額
大会社	従業員数が100人以上の会社又は右のいずれかに該当する会社	卸売業	20億円以上（従業員数が50人以下の会社を除く。）	80億円以上
		小売・サービス業	10億円以上（従業員数が50人以下の会社を除く。）	20億円以上
		卸売業，小売・サービス業以外	10億円以上（従業員数が50人以下の会社を除く。）	20億円以上
中会社	従業員数が100人未満の会社で右のいずれかに該当する会社（大会社に該当する場合を除く。）	卸売業	7,000万円以上（従業員数が5人以下の会社を除く。）	2億円以上80億円未満
		小売・サービス業	4,000万円以上（従業員数が5人以下の会社を除く。）	6,000万円以上20億円未満
		卸売業，小売・サービス業以外	5,000万円以上（従業員数が5人以下の会社を除く。）	8,000万円以上20億円未満
小会社	従業員数が100人未満の会社で右のいずれにも該当する会社	卸売業	7,000万円未満又は従業員数が5人以下	2億円未満
		小売・サービス業	4,000万円未満又は従業員数が5人以下	6,000万円未満
		卸売業，小売・サービス業以外	5,000万円未満又は従業員数が5人以下	8,000万円未満

上の表の「総資産価額（帳簿価額によって計算した金額）及び従業員数」及び「直前期末以前1年間における取引金額」は，それぞれ次の(1)から(3)により，「卸売業」，「小売・サービス業」又は「卸売業，小売・サービス業以外」の判定は(4)による。
(1) 「総資産価額（帳簿価額によって計算した金額）」は，課税時期の直前に終了した事業年度の末日（以下「直前期末」という。）における評価会社の各資産の帳簿価額の合計額とする。
(2) 「従業員数」は，直前期末以前1年間においてその期間継続して評価会社に勤務していた従業員（就業規則等で定められた1週間当たりの労働時間が30時間未満である従業員を除く。以下この項において「継続勤務従業員」という。）の数に，直前期末以前1年間において評価会社に勤務していた従業員（継続勤務従業員を除く。）のその1年間における労働時間の合計時間数を従業員1人当たり年間平均労働時間数で除して求めた数を加算した数とする。この場合における従業員1人当たり年間平均労働時間数は，1,800時間とする。なお，従業員には，社長，理事長並びに法人税法施行令第71条≪使用人兼務役員とされない役員≫第1項第1号，第2号及び第4号に掲げる役員は含まないのであるから留意する。
(3) 「直前期末以前1年間における取引金額」は，その期間における評価会社の目的とする事業に係る収入金額（金融業・証券業については収入利息及び収入手数料）とする。
(4) 評価会社が「卸売業」，「小売・サービス業」又は「卸売業，小売・サービス業以外」のいずれの業種に該当するかは，上記(3)の直前期末以前1年間における取引金額（以下この項及び181-2≪評価会社の事業が該当する業種目≫において「取引金額」という。）に基づいて判定し，当該取引金額のうちに2以上の業種に係る取引金額が含まれている場合には，それらの取引金額のうち最も多い取引金額に係る業種によって判定する。

12) 同族株主以外の株主とは次にいずれかに該当するものをいう。
(1) 同族株主のいる会社の株式のうち，同族株主以外の株主の取得した株式。
この場合における「同族株主」とは，課税時期における評価会社の株主のうち，株主の1人及びその同族関係者の有する議決権の合計数がその会社の議決権総数の30％以上（その評価会社の株主のうち，株主の1人及びその同族関係者の有する議決権の合計数が最も多いグループの有する議決権の合計数が，その会社の議決権総数の50％超である会社にあっては，50％超）である場合におけるその株主及びその同族関係者をいう。
(2) 中心的な同族株主のいる会社の株主のうち，中心的な同族株主以外の同族株主で，その者の株式取得後の議決権の数がその会社の議決権総数の5％未満であるもの（課税時期において評価会社の役員である者及び課税時期の翌日から法定申告期限までの間に役員となる者を除く。）の取得した株式。
この場合における「中心的な同族株主」とは，課税時期において同族株主の1人

並びにその株主の配偶者，直系血族，兄弟姉妹及び1親等の姻族（これらの者の同族関係者である会社のうち，これらの者が有する議決権の合計数がその会社の議決権総数の25％以上である会社を含む。）の有する議決権の合計数がその会社の議決権総数の25％以上である場合におけるその株主をいう。
　(3)　同族株主のいない会社の株主のうち，課税時期において株主の1人及びその同族関係者の有する議決権の合計数が，その会社の議決権総数の15％未満である場合におけるその株主の取得した株式。
　(4)　中心的な株主がおり，かつ，同族株主のいない会社の株主のうち，課税時期において株主の1人及びその同族関係者の有する議決権の合計数がその会社の議決権総数の15％以上である場合におけるその株主で，その者の株式取得後の議決権の数がその会社の議決権総数の5％未満であるもの（(2)の役員である者及び役員となる者を除く。）の取得した株式。
　　　この場合における「中心的な株主」とは，課税時期において株主の1人及びその同族関係者の有する議決権の合計数がその会社の議決権総数の15％以上である株主グループのうち，いずれかのグループに単独でその会社の議決権総数の10％以上の議決権を有している株主がいる場合におけるその株主をいう。
13)　被相続人の債務がどの程度あるか不明であり，財産が残る可能性もある場合等に，相続人が相続によって得た財産の限度で被相続人の債務の負担を受け継ぐことをいう（http://www.courts.go.jp/saiban/syurui_kazi/kazi_06_14/）。限定承認が行われた場合には，被相続人が所有していた財産は相続時の時価で売却したものとして譲渡所得が計算され，被相続人に対する所得税が計算されるため（所得税法第59条），相続人の取得価額はそこにおける価額となる。
14)　「遺贈には，包括名義の遺贈（包括遺贈）と特定名義の遺贈（特定遺贈）の2種がある。包括遺贈は，遺産の，全部または割合で示されたその部分の遺贈であり，特定遺贈は，遺産中の指定された特定の財産を目的とするものである。特定の財産であれば，特定物でなくて，不特定物（種類物及び金銭）であってもよい」（中川ほか，2000，566頁）。
15)　田中（2010）94-96頁。
16)　右山研究グループ（2009）85頁。
17)　中小企業における経営の承継の円滑化に関する法律施行令（平成二十年八月一日政令第二百四十五号，以下「円滑化法施行令」という。）。この政令により広げられた範囲は，ゴム製品製造業・ソフトウェア・情報処理サービス業・旅館業である。
18)　資本金もしくは従業員数（労働基準法第20条の「解雇の予告を必要とする者」）のいずれかが該当すればよいことになっている。
19)　民法第八章1028～1044条。
20)　最判昭和51年3月18日，民集30巻2号，111頁「相続人が被相続人から贈与された金銭」をいわゆる特別受益として遺留分算定の基礎となる財産の価額に加える場合には，贈与の時の金額を相続開始の時の貨幣価値に換算した価額をもって評価すべきで

ある。
21) 中小企業者のうち，一定期間以上継続して事業を行っているものとして経済産業省令で定める要件に該当する会社をいう（円滑化法3条）。
22) 「旧代表者」とは，特例中小企業者の代表者であった者（代表者である者を含む。）であって，その推定相続人（相続が開始した場合に相続人となるべき者のうち被相続人の兄弟姉妹及びこれらの者の子以外のものに限る。）のうち少なくとも1人に対して当該特例中小企業者の株式等（株式（株主総会において決議をすることができる事項の全部につき議決権を行使することができない株式を除く。）又は持分をいう。）の贈与をしたものをいう（同第2項）。
23) 「後継者」とは，旧代表者の推定相続人のうち，当該旧代表者から当該特例中小企業者の株式等の贈与を受けた者又は当該贈与を受けた者から当該株式等を相続，遺贈若しくは贈与により取得した者であって，当該特例中小企業者の総株主（株主総会において決議をすることができる事項の全部につき議決権を行使することができない株主を除く。）又は総社員の議決権の過半数を有し，かつ，当該特例中小企業者の代表者であるものをいう（同第3項）。
24) 「除外合意」と「固定合意」を組み合わせることも可能である。
25) 追加合意は除外合意もしくは固定合意と合わせて行われるものであって，単独での合意はできない。
26) 経営承継受贈者が納税猶予分の贈与税額につき特例受贈非上場株式等のすべてを担保として提供した場合には，当該特例受贈非上場株式等の価額の合計額が当該納税猶予分の贈与税額に満たないときであっても，同項の規定の適用については，当該納税猶予分の贈与税額に相当する担保が提供されたものとみなされる（同⑦）。
27) 金子（2013）549頁。
28) 贈与の日の属する年分の贈与税の申告書の提出期限の翌日から同日以降5年を経過する日又は経営承継者もしくは贈与者の死亡の日の前日のいずれか早い日までの期間をいう。
29) 常時使用従業員とは会社の従業員であって，次に掲げるいずれかの者である（措法施行規則23条の9④）。
　厚生年金保険法9条，船員保険法2条①又は健康保険法3条①に規定する被保険者。
　当該会社と二月を超える雇用契約を締結している者で七十五歳以上であるもの。
30) 確認する期間とは，贈与の日の属する事業年度の直前の事業年度の開始の日から，納税の猶予に係る期限が確定する日までの期間とする（措法施行令40条の8⑲）とあり，基本的には5年間である。
31) これは以下の業務とされている（措法施行規則23条の9⑤）。
　商品販売等（商品の販売，資産の貸付け（経営承継受贈者等及びその同族関係者等に対するものを除く。）又は役務の提供で，継続して対価を得て行われるものをいい，その商品の開発若しくは生産又は役務の開発を含む。次号において同じ。）
　商品販売等を行うために必要となる資産（施行令第四十条の八第五項第一号ハ及び

第二号ハの事務所，店舗，工場その他これらに類するものを除く。）の所有又は賃借
　　前二号に掲げる業務に類するもの
32)　バー，パチンコ，ゲームセンター等を営む会社は性風俗関連特殊営業ではないため，風俗営業会社ではない。よって，認定贈与承継会社に該当することができる。
33)　平成25年税制改正により，財務省（2013, 633頁）によれば，「その総収入金額の範囲から「営業外収益」及び「特別利益」が除外され，いわいる売上高（売上収入）」で判定することとされました。」となっている。
34)　金融商品取引所への上場の申請がされていないこと，外国に所在するものに上場がされていないこと又は当該上場の申請がされていないこと，国内および外国の店頭売買有価証券登録原簿に登録がされていないこと又は当該登録の申請がされていないこと（措法施行規則23条の9⑥）。
35)　「投資口」とは，均等の割合的単位に細分化された投資法人の社員の地位をいう（投資信託及び投資法人に関する法律第2条⑭）。
36)　立法当初は役員からも退任しなければならなかったが，平成25年税制改正により，代表権を有しなければよいこととなった。
37)　立法当初は「ト　当該個人が，当該認定承継会社の経営を確実に承継すると認められる要件として財務省令で定めるものを満たしていること」が定められており，それを受けた措法施行規則第23条の9第11項では，「当該個人が，贈与の時において，円滑化省令第16条第1項に規定する確認を受けた会社の当該確認に係る円滑化省令第15条第3号に規定する特定後継者であることとする」とされていた。しかし，平成25年度税制改正により当該確認が不要となったためにこの規定は削除された。
38)　総株主（株主総会において決議をすることができる事項の全部につき議決権を行使することができない株式を除く。）又は総社員の議決権の数をいう。
39)　神崎ほか（2009）123頁。
40)　外国の法令に準拠して設立された法人その他の外国の団体であって，会社と同種のもの又は会社に類似するものをいう（会社法2条②）。
41)　認定贈与承継会社並びに当該認定贈与承継会社の代表権を有する者及び当該代表権を有する者と第六項各号に掲げる特別の関係がある者が有する次の各号（当該認定贈与承継会社が資産保有型会社に該当しない場合にあっては，第一号を除く。以下この項において同じ。）に掲げる法人の株式等（投資信託及び投資法人に関する法律第2条第14項に規定する投資口を含む。第一号において同じ。）の数または金額が，当該各号に定める数または金額である場合における当該法人とする（措法施行令40条の8⑪）。
　　法人（医療法人を除く。）の株式等（非上場株式を除く。）当該法人の発行済株式（投資信託及び投資法人に関する法律第二条第十二項に規定する投資法人にあっては，発行済みの同条第十四項に規定する投資口）又は出資の総額又は総額の100分の3以上に相当する数または金額
　　医療法人の出資　当該医療法人の出資の総額の100分の50を超える金額

Ⅱ　円滑化法ならびに納税猶予及び免除特例の概要　　73

　　※このうちの第一号については平成25年改正で加えられたもので，上場会社の株式数の100分の３以上を持っている場合で，かつ，その会社が資産保有型会社に該当する場合には，その部分の金額については納税猶予の対象とはならないこととなった。

42）　財務省（2013，631頁）では，３％とした理由は以下のように述べられている。
「上場会社等の発行済株式の３％以上を保有する株主については，
　（1）　会社法上，株主総会招集権（会社法297条），会計帳簿閲覧権（会社法433条）などが認められ，また，
　（2）　所得税においても，上場会社の発行済株式の３％以上を保有する大口株主については，大口株主としての事業参画的色彩が強いとして，配当所得が総合課税とされるなど特例措置の適用が排除されています。
　　この上場株式等の保有に係る計算除外の特例措置についても，こうした点等を踏まえて，「１銘柄につき発行済株式等の総数等の３％以上」の上場株式等が適用対象とされました。」

43）　従前は，贈与の実施の前に経済産業大臣の確認が必要とされていたが，平成25年税制改正により不要となった。

44）　ただし，「やむ得ない理由がある場合を除く」とされており，それには精神障害者保健福祉手帳（１級）の交付を受けたこと，身体障害者手帳（１級または２級）の交付を受けたこと，要介護認定を受けたことなどがあげられている（措法施行規則23の９条⑮）。

45）　このうち，「株式移転又は株式交換により他の会社の株式交換完全子会社等になった場合を除く」とされているが，この場合には⑭に該当する。

46）　このうち，「合併による消滅する場合を除く」とされているが，この場合には⑬に該当する。

47）　適格合併とは以下の要件を満たすものである（措法施行規則23の９条⑱）。
　　１）合併承継会社が認定贈与承継会社の要件を満たしていること。
　　２）経営承継受贈者が合併承継会社の代表権を有していること。
　　３）経営承継受贈者とその特別の関係がある者が有する議決権の数が100分の50を超えていること。
　　４）経営承継受贈者が，その特別の関係がある者のうちいずれの者が有する議決権の数を下回らないこと。
　　５）合併に対して株式以外の金銭その他の資産の交付がされていないこと。

48）　上記適格合併と同じ要件である（措法施行規則23の９条⑲）。

49）　これは以下のような場合である（措法施行令40条の８㉕）。
　　１）拒否権付株式を経営承継受贈者以外の者が有することとなった場合
　　２）認定贈与承継会社が当該特例受贈非上場株式等の全部又は一部の種類を株主総会において議決権を行使することができる事項につき制限のある株式に変更した場合
　　３）定款の変更により当該認定贈与承継会社に係る経営承継受贈者が有する議決権

74

　　　の制限をした場合
　　4）贈与者が認定贈与承継会社の代表権を有することとなった場合
　　※これ以外に，贈与者が認定贈与承継会社から給与支給を受けた場合も含まれていたが，平成25年改正により削除された。
50) 措法における利子税の率は年3.6％であり，延納する場合には年6.6％が延納許可期間について適用される（ただし，利子税の率については措法93条において特例があり，平成25年税制改正の施行日以降は0.9％といわれている）。
51) 金子（2013）553頁。
52) 神崎ほか（2009）109頁。
53) 立法当初は，「イ当該個人が，当該相続の開始の直前において，当該被相続人の親族であること。」の要件があったが，平成25年度税制改正において削除された。
54) その個人が，相続の開始の時において，円滑化省令第16条第1項に規定する確認を受けた会社の当該確認に係る特定後継者であり，かつ，当該相続の開始の直前において，当該会社の役員（被相続人が60歳未満で死亡した場合を除く）。
55) 平成25年税制改正以前は第15条から第19条まで，すなわち第13条，14条の債務控除は含まれていなかった。
56) 実際に納税猶予制度を構築しようとする場合には，既存制度である農地の納税猶予制度との対比が不可避であるという認識があった（事業承継協議会，2007，13頁）。

III

イギリス・ドイツにおける 非上場株式に関する 相続税・贈与税の取扱いと 日本法との比較

相続税及び贈与税の制度が存在しない国では、当然ながら非上場株式の承継時の資金上の負担は少ない。一方、相続税及び贈与税が存在する国でも承継時に課税上の恩典を与えている例として、事業承継協議会（2007, 10頁）では、イギリス・ドイツ・アメリカ・フランスをあげている。

　そこで、日本の非上場株式に関する相続税・贈与税を考察するにあたり、比較対象として前掲の4カ国から、「遺産課税方式」を採用している国と「遺産取得課税方式」を採用している国をそれぞれ1国ずつ選ぶこととした[1]。

　遺産課税方式が採用されている国として、まずアメリカでは2010年時点で相続税が課税されていなかった[2]。一方、イギリスでは事業承継税制として「Business Property Relief（以下「BPR」という）」の規定が存在し、これが非上場株式についても適用されていることから、これを比較の対象とした。

　遺産取得課税方式が採用されている国として、フランスにおいては2012年5月まで大統領であったNicolas Sarkozyが選挙公約において富裕層を除き相続税を減税する方向を示していた[3]にもかかわらず、それに代わった新政権では課税強化の方向を示すなど[4]、制度の安定に疑義があった。一方、ドイツにおいては1995年及び2006年の連邦憲法裁判所判決に従って、それぞれ1997年及び2009年に相続・贈与税法に大幅な改正が行われており[5]、また判決において事業承継税制について憲法上の考え方も示されていることから（後述）、これを比較対象とした。

1　イギリスにおける相続税法と非上場株式の取扱い

(1)　イギリスにおける相続税法のあらまし

　イギリスの2009年における総税収は479,098百万£であり、うち相続税及び贈与税のそれは2,401百万£となっている[6]。イギリスにおける近年の遺産に対する課税は1894年に制定された「財産税（Estate Duty）」がもとに

なっており，それは約80年にわたり施行されたが，1974年にはこれに代わり「資産移転税（Capital Transfer Tax，以下「CTT」という）」が導入された。その後 Finance Act 1986により，「相続税（Inheritance tax，以下，「IHT」という）」に名称変更され，現在に至っている。ただ実際には，1984年に行われた CTT の改正が Inheritance Tax Act 1984（以下「IHTA1984」という）と名称変更されており[7]，現在においてもこの法律名が使用されている。IHT が実際に課税される範囲は，(2)に述べる生前贈与や各種控除の規定があるため，かなり限定的なものと認識されており[8]，上に述べたように総税収の0.5％に過ぎない。

財産税の時代である1974年までは，生前贈与については積極的には課税されていなかったため[9]，"A voluntary tax" であるとか，"a tax on vice" と非難されていたが，1974年に労働党政権下（the Labour government）において，富裕層の有する財産を減らし富の再配分をより進めることを目的として，非難されていた財産税を廃止し，原則としてすべての生前贈与財産と相続財産に最高で75％まで課税する CTT が施行された。しかし，1979年に再び保守党政権になるとその課税は緩和され，さらに1986年に導入された IHT は大幅に課税範囲を後退させたため，財産税への逆戻りだけではなく裏切り的なものであるとの批判も受けている[10]。このような背景から，イギリスにおける IHT は富の再配分を目的としながらも，もともとそれによって多くの税収を得ようとはせず，制限的に扱われているため[11]，早急に廃止という事態はないといえるであろう。

IHT は，個人によって行われた価値の移転（the Value Transfered）のうち，課税対象となるものについてチャージされる税（IHTA1984 s1, 1986, s2 (1)）であり，あくまで移転対象となった財産に対する課税である。よって移転を受けた者（財産の取得者）に対する課税ではないことから，所得税の補完的要素はないことになる。

IHT の体系は移転を行う側（transferor；以下「移転者」とよぶ）から移転が行われる時点によって，生前の移転（Lifetime transfers）と，死亡に

よる移転（Transfer on death）に分けられ，それぞれの課税規定が定められており，日本の相続税法と同様，相続税と贈与税の両者を規定する法律となっている。

　主たる納税義務者は，生前の移転の場合には，贈与者（transferor）であり（IHTA 1984 s199 (1)），死亡による移転の納税義務者は，一般に人格代表者（deceased's representatives：通常は遺言執行人）等である[12]（IHTA 1984 s200 (1)）。さらに IHTA 1984 s4 では，「何人も死亡に際して，その死の直前の遺産と同額の価値を死の直前に移転したものとして課税される。」と故人に対して課税することを規定しており，遺産課税方式としての扱いが明らかになっている。また，IHTの解釈のため，Her Majesty's Revenue and Customs（英国歳入税関庁，以下「HMRC」という）によって Inheritance Tax manual（以下「IHTM」という）が公開されている。

　IHTが対象としているのは，移転者から移転によって喪失した（disposition）財産価値であり，これには時価より低い価格によって譲渡された場合における価値の減少分や信託財産への移転も含まれるが（IHTA 1984 s3），当然に開かれた市場での他人との取引や家庭の維持のための支出などは対象とならない（IHTA 1984 s10–17）。

　課税対象となるのは，課税財産が税率0の範囲内とされる「nil rate band，以下「NRB」という）」である£325,000[13]を超えた部分であり，税率は基本的に一律で40％[14]となる。また，IHTは遺産に対する課税であるため，遺産を取得する者が誰であるかについては，配偶者等への移転を除き（後述），基本的には課税関係に影響を与えない。これは，遺産課税方式における理論的な扱いといえ，「その死の直前の遺産と同額の価値を死の直前に移転した」という前提からして，取得者が誰で，取得した遺産をどのように利用するかを問うものではないからである。さらに言えば，故人が死の直前に有していた財産価値に着目するため，それを取得した者に対する所得税の補完的要素は考えなくてよいということになる。また，遺言の自由が完全に承認される英米法系では遺留分制度を持たないことから，IHTにおいて特

に財産の取得者を区別する必要がないということもある[15]。その結果，日本のように法定相続人でない者が，遺贈により遺産を取得した場合に，相続税が20％加算されるようなこともない。

例1　基本的なIHTの計算

> ブラウン氏が死亡し，遺産が£525,000と評価された場合のIHTは以下のように計算される（生前贈与はないとし，NRB£325,000以外は考慮しないものとする）。
> 　　IHT ＝ 40％ ×（£525,000 － £325,000）＝ £80,000

また2007年からは，「一方の配偶者及びcivil partner（以下「配偶者等」という）」が死亡した場合の第1次相続において，諸控除やNRBを全額使用していなかった場合には，もう一方の配偶者等が死亡した場合の2次相続時点において，最高で£650,000までがNRBとして扱えることになっている[16]。

参考としてNRB以外の課税上の恩典として，主なものをあげると図表Ⅲ-1のとおりである[17]。

図表Ⅲ-1　NRB以外の課税上の恩典

項目	内容	条文：IHTA1984
生前移転についての年次控除	年£3,000[18]	s19
配偶者等間の生前及び死亡による財産の移転	IHTの課税対象とはならない	s18
BPR	(3)参照	s103–s114
Agricultural Property Relief（農業資産等への恩典）	財産について100％もしくは50％の特別控除	s115–s124
慈善活動への寄付	IHTの課税対象とはならない	s23
イギリスの文化遺産として認められる資産	IHTの課税対象とはならない	s30–s35

(2)　**イギリスにおける生前贈与の規定**

IHTの中でも，特に生前の移転（Lifetime transfers，生前贈与）に関す

る規定は特徴的といえる。まず，ほとんどの財産が移転時点（贈与時点）において IHT の対象とはならない。これは，ほとんどの生前の財産移転が「Potentially Except Transfer（以下「PET」という）」といわれる移転に該当する（IHTA 1984 s3 (a)）ためで，贈与の時から7年以内に移転者が死亡しない限りその財産移転には全く IHT が課税されないことになる。実際には，PET に該当しない財産の移転は「一任信託（discretionary trust）[19]」や「会社」への移転に限られるため[20]，単純に個人間で行われる生前贈与はすべて PET となる。

PET とならない財産の移転は当該時点で IHT が課税される。本書では Finney（2008, p. 172）に倣い，これを「CLT（Chargeable Lifetime Transfer）」とよぶことにする。CLT に該当する場合には，移転時に NRB である £325,000 と年次控除（annual exemptions）の合計を超過する部分について，20％の税率で課税される（IHTA 1984 s37 (2)）。

PET 及び CLT ともに，移転者が移転時点から7年間を経過して存命である場合には，その後において IHT が再計算されるのではなく，生前の移転についての課税関係は完了する。

このように PET に該当する財産は移転後7年が経過した後に移転者が死亡すれば，全く IHT の課税を受けないことになる。この趣旨は，1986年7月17日の下院議会において当時の保守党議員であった Brandon Rhys-Williams の発言[21]によると，以下のように説明されている。

「人々が彼らの日々が終わる前に，金銭や財産を譲ることを，非常に強く奨励することを意図したものであり，また，そのように制定されるものである。生前贈与は個人資産を賢明に手放すことを望んでいる多くの人々の関心事であり，それには相当な資産家のみならず，ファミリービジネスの株式の所有者，あるいは単に配偶者や扶養家族でも，彼らの死後に未熟なもしくは能力のない者によって，財産がリスクに侵されることを避けたい人々が含まれる。」

すなわちイギリスにおける生前贈与の規定は，生前の財産移転を奨励する

ことによる経済効果と，個人が所有する資産が，その死亡後においても，個人の遺志に沿った形で運用されることを配慮したものと考えられる。ただし，実際には財産税が死亡前7年以内の贈与について課されていたことを踏襲したものともいえる。

なお，「ファミリービジネス」[22]の定義として，2009年に欧州委員会（European Commission）は，フィンランド経済産業省（Ministry of Trade and Industry of Finland）の the Finnish Working Group on Family Entrepreneurship が作成したものを採択している[23]。そこでは，その大きさに関わりなく事業のうち以下のいずれかに該当するものであるという。

> ① 意思決定権の過半数が自然人（複数も可）である創立者，買収者，あるいはその配偶者，親，子孫によって所有されている。
> ② 意思決定権の過半数がファミリーによって直接または間接に保有されている。
> ③ 少なくともファミリーもしくは親族の代表者1名が，正式に会社のガバナンスに関与している。
> ④ 上場会社の場合には，設立者，買収者，あるいはその家族もしくは子孫が議決権の25％を受任統治している。

移転後7年以内に移転者が死亡した場合には，当該期間内に移転した財産も遺産と合算されてIHTの対象となるが，その移転された財産の課税対象となる評価額は，死亡時と移転時の時価のいずれか低い方によって算定される[24]。また，NRBは死亡時の水準で算定されるが，移転の古い順から順次控除される。

なお，移転者がその移転から3年以上が経過し7年以内で死亡した場合には，その期間における税の負担を緩やかにするために「Taper Relief（逓減控除 IHTA 1984 s7 (4)）」の恩典があり，死亡時点の税率（現在は40％）に，経過年数に応じた比率を乗じた率が，当該移転の税率とされる（つまり，財産の額が減額されるのではない。）[25]。

例 2　PET と逓減控除の計算

> スミスは2005年10月に，現金£500,000を娘のカレンに贈与した。その後スミスは2011年8月に死亡し，遺産は£600,000と計算された[26]。
>
> 2005年の贈与時　　　PET に該当するため計算されない
> 2011年の死亡時
> 　　2005年の贈与分　　PET　　　　　　　　　　£500,000
> 　　　　　　　　　　　年次控除（2年分）　　　　　 6,000
> 　　　　　　　　　　　　　　　　　　　　　　　　494,000
> 　　　　　　　　　　　NRB　　　　　　　　　　　 325,000
> 　　　　　　　　　　　　　　　　　　　　　　　 £169,000
> 　　　　　　　　IHT ＝ 40％ × 40％※ × £169,000 ＝ £27,040
> 　　遺産分　　　　　　　　　　　　　　　　　　 £600,000
> 　　　　　　　　IHT ＝ 40％ × £600,000 ＝ £240,000
> 　　IHT の合計　　　　　　　　　　　　　　　　 £267,040
> 　　　　　　　　※ Taper relief 5年以上（40％）を適用

なお，移転が CLT に該当した場合で，その納税義務を原則通りに移転者が負った場合には，その財産の減少は移転した資産の価値分だけではなく，支払う IHT の部分も減少すると見做されるため，移転金額から年次控除を差し引いた金額が NRB を超えて課税される部分については，当該税額部分も含めて価値の移転があったとされる。これは「grossing up」といわれている[27]。grossing up を避けるためには，受贈者側が納税義務を負う特約が必要となる[28]。

例 3　Grossing up

> トムは discretionary trust に£601,000を支払い，納税の負担を負った。これ以前の7年以内の移転はないものとする。
> 　　課税対象金額　　£601,000 − 年次控除（2年分）£6,000 − NRB £325,000
> 　　　　　　　　　　　　　　　　　　　　　　　　　　　　　＝ £270,000
> 　　Grossing up　　£270,000 ÷（100 − 20）％　　　　　　　＝ £337,500
> 　　CLT に係る IHT の金額 ＝ £337,500 × 20％　　　　　　 ＝ £67,500

(3) イギリスにおける財産評価の概要

移転する財産の評価は，原則として開かれた市場[29]でのその時点での価額であるが，財産全体を市場に出した場合の減額は考慮してはならないことになっている（IHTA s160)。これは，例えば上場会社の大株主が大量に株式を市場に放出した際には，通常の市場価格より下落することが想定されるが（IHTAM 09703)，そのような前提を置かずに移転時の通常の時価によって評価するということである。

ただし財産の特性等により，その評価について特別な考慮をすべきものはそれぞれの定めがある。そして負債（Liabilities）は当然に考慮（すなわちマイナス）される（IHTA s5 (3), (5))。算定された評価額は税の申告に当たり，HMRC の確認（ascertained）を受けることになる[30]。移転者の死亡後4年以内に評価額より低い価額で，土地（IHTA 1984 s191）や上場株式等（IHTA 1984 s179）を譲渡した場合には，IHT の還付請求を行うことができる。

(4) IHT と CGT の関係

イギリスにおいては「Taxation of Chargeable Gains Act 1922（以下「TCGA 1992」という）」に基づき，資産を売却した場合などには，売却金額が取得原価を超えた部分について，Capital Gains Tax（以下「CGT」という）が課されることがある。これは通常の売買だけではなく，時価より低い価額での売買や贈与についても対象となる（TCGA 1992 s18）ため，生前贈与時には IHT が課税されなくとも CGT が課税される場合がある。

なお死亡による移転自体は CGT の対象とはならず，その後に取得者について CGT の対象となる移転が生じた際には，CGT の計算にあたり死亡時点での評価額が売却金額から控除される取得価額になる（TCGA 1992 s62)。

また，配偶者間等や親族間の取引にも CGT は課されない（TCGA 1992 s18, s286）等，さまざまな適用除外規定があり，IHT と同様にビジネス資産（農業も含む）の移転についても課税上の恩典がある（(6)③参照)。

CGT は分離課税であり，CGT の税率は，キャピタルゲインとそれ以外の所得を含めて，年間£35,000まで（basic rate band：以下「BRB」という）が18％，それを超える部分は28％となる。個人における基礎控除は現在年間£10,600となっており，これは税率が高い部分から適用して差し支えない[31]。

例4　CGT の計算

> ヘンリーの所得は，すべての諸控除を引いた後で£20,000であり，この他にキャピタルゲインは£18,000であった。
> BRB£35,000のうちキャピタルゲインに適用される部分
> 　　　　　　　　£35,000 − £20,000 = £15,000
> 　18％の適用部分　　　£15,000
> 　28％の適用部分　　　£18,000 − £15,000 = £3,000
> 税額の計算　基礎控除£10,600のうち£3,000は28％部分に適用し，残りを18％部分に適用する。
> 　　　　　　（£3,000 − £3,000）×28％ = 0
> 　　　　　£15,000 −（£10,600 − £3,000）×18％ = £1,332

(5) イギリスにおける BPR の概要

① BPR の目的と適用資産

BPR は事業の促進と継続性のために，「相続税の負担によって，ビジネスが破たんされてはならない[32]」あるいは「ファミリービジネスは納税のために売却されるべきではない[33]」という趣旨から設定されたものである。詳しくは(6)①において述べることとするが，CTT では1976年4月7日以降の価値の移転に適用され，それに代わった IHT にもそれは引き継がれ，その後の数年にわたりさまざまな領域の事業関連財産が対象として加えられてきた[34]。

BPR は生前の移転（Lifetime transfers）と，死亡による移転（Transfer on death）のいずれにも適用され，これ以外の課税上の恩典に先んじて適用される[35]。この結果，BPR は税率を乗じる前の財産額から控除されるの

で，BPR が適用された部分について IHT の税額は計算されないことになる。つまり税額自体が発生しないので，完全に税の対象外となる。

BPR に関する規定は，IHTA 1984 s103 から s114 に BPR に置かれているが，その適用資産（relevant business property）及び減額割合（the relief）は図表Ⅲ-2のようになっており（IHTA 1984 s104 (1), 105）[36)37)]，その移転価額の計算は grossing up を考慮しないでよいことになっている（IHTA 1984 s104 (2)）。

図表Ⅲ-2　BPR の適用資産及び減額割合

BPR の割合	対象	
100％減額	a）	法人化されていないビジネス。(Unincorporated businesses)
	b）	移転者が支配権[38)]を有していた非上場の議決権付証券。(Unquoted voting securities of a company controlled by the transferor)
	c）	非上場の株式[39)]。(any unquoted shares)
50％減額	d）	移転者が支配権を有していた上場株式もしくは持分。(shares or securities giving control of a 'quoted' company)
	e）	土地・建物・機械・設備で，移転者が，ⅰ）パートナーシップを有していた事業や，ⅱ）支配していた会社において事業目的のために使われていたか，ⅲ）贈与者の利益のために信託財産となって事業目的のために使われていたもの。(land, buildings, machinery or plant held either (ⅰ) by a partner and used for the purpose of a business conducted by the partnership or (ⅱ) by a controlling shareholder and used by that company for the purposes of its business or (ⅲ) by the trustees of a settlement and used for the purpose of a business carried on by a life tenant of the settlement)

② BPR 適用のための保有期間

BPR が適用されるためには，資産が適用資産に該当し，かつ，原則として移転前2年以上にわたり当該財産が移転者によって所有されていなければならない（IHTA s106）。例えば同一銘柄の株式などが段階的に移転され，結果的に2年以上保有部分と未満の部分があるときには，2年以上保有の部分しか BPR は適用されない（IHTA s109）。しかし，事業が法人成りし，それまでの事業資産が株式に変わった場合など，資産内容の変更があってもその代替資産を取得し（replacement），事業が実質的に継続していると認め

られる場合には、当初からの事業を行っていた期間も所有期間に通算できる（IHTA s107）[40]。

また、配偶者等が所有していたBPRの適用資産を相続等により取得した者が死亡した場合には、その者の所有期間だけではなく、その者の配偶者等が所有していた期間も通算できる（IHTA s108）。

③ BPRの適用ができない資産

まず、その事業（Business）自体が、趣味的なものや、単に所得税を減らす目的で損失を出すだけのものは対象から外される（IHTA 1984 s103(3)）[41]。次に、その事業が完全にもしくは主として（wholly or mainly[42]）債券・株式・土地・建物・投資物件の作成や保有、などから構成されているものも除かれる。このような状態は単に資金運用のために形式的に事業を行っていると考えられ、BPRの適用外とされる。一方で、マーケットメーカー[43]や事業として認められる会社を保有する持株会社の株式等は対象となる（IHTA 1984 s105(3), (4), (7)）。

また、財産に売買契約が付いている場合には、実質的に当該売買代金の移転となり、事業資産の移転ではないために対象とならない。ただし事業用資産を会社に売却し、当該売却代金によってその会社の株式を所有する場合や、組織再編や合併のために株式等を売却する契約は除かれる（IHTA 1984 s113）。

BPRの適用が認められる事業もしくは株式等であっても、その適用は純額（資産－負債）となり（IHTA 1984 s110）、さらにその資産は、完全にもしくは主として原則として2年間使用されていたか、あるいは、将来の使用のために必要とされる部分のみが[44]対象となり（IHTA 1984 s112）、事業に必ずしも必要と認められない余剰資産については適用がない。

例5　BPRの適用除外

> メアリーが死亡し、ファミリーカンパニーの非上場株式を50%所有していた。

> その会社には、£450,000の現金があったが、ビジネスに必要とされる部分は、£150,000であった。
>
> この場合、現金のうち£300,000はBPRの対象とはならない。

④ 生前の移転におけるBPR適用と制限

事業資産の生前の移転がPETに該当するものであれば、移転の時点での課税はなく、また、移転者が移転日より7年以上存命すればその事業財産は一切IHTの対象とはならない。

一方、事業財産の生前の移転がCLTに該当した場合には、BPRを適用した（50％控除）後の金額について、移転時に20％のIHTを支払うことになる。

両者とも、移転から7年以内に移転者が死亡した場合（または、移転者より移転を受けた者が先に死亡した場合）には、その時点の財産の状況によりBPRの適用が検討される（IHTA s113A）。そこでは移転した財産が移転を受けた者によってBPRの要件を満たす形で所有が継続しているか、またはそれを売却した場合にその資金をもってBPRに該当する代替資産を取得して保有していなければならない。

例えば、議決権の所有割合が50％超ではない非上場の会社が上場した場合や、企業買収によって株式を手放した場合などは、BPRの適用を受けることができず、IHTの対象となる。これは「Clawback」といわれている[45]。

例6　Clawback

> サムは友人であるサイモンにA社の非上場株式（議決権の所有割合10％）を2007年12月に贈与した。その後2010年8月にA社は上場した。サムは2012年3月に死亡し、A社は上場を維持していた。
>
> この場合、サイモンはサムの相続において生ずるIHTについてBPRの適用を受けることができない。

(6) 非上場株式に関する取扱い

① 非上場株式に関するBPRの背景

IHTが導入された1984年から，非上場株式に対するBPRの控除割合がどのように改正されてきたかを示すと図表Ⅲ-3のようになる[46]。

図表Ⅲ-3　BPRの控除割合の変遷

期　　間	議決権の所有割合	控除割合
1984～1987.3.16	50％以下	30％
	50％超	50％
1987.3.17～1992.3.9	25％未満	30％
	25％以上	50％
1992.3.10～1996.4.5	25％未満	50％
	25％以上	100％
1996.4.6～	―	100％

このようにCTTの時代から，議決権の所有割合によって控除割合の違いはあるものの，すべての非上場株式に関してBPRは認められており，現在では所有割合に関係なく，すべて100％控除となっている。議決権の所有割合によって控除割合が異なっていたのは，1987年までは株主総会における普通決議（ordinary resolutions, company act 2006 s282）に必要な議決権数である単純過半数（50％超）を重視したことによる。それ以降は特別決議（special resolutions[47]，同s283）に必要な議決権数が75％超であることから，当該特別決議を否決できる25％以上について区別するようになった。さらに，1992年のから25％以上の議決権所有に対して100％減額が適用されたの大きな改正であるといえる。この背景を考えるにあたり，1990年7月16日のイギリス下院議会において，当時の保守党議員William Powellは以下のような発言をしている[48]。

1）　長年にわたり非上場のファミリービジネスは英国経済において重要な部分を占めており，これらの会社には6世代以上も存続するものがある。ファミリービジネスは常にIHTの負担という脅威にさらされて

おり，その負担の財源は会社外の資産であり，主に当該非上場会社の株式である。IHT の支払いのために，この株式を売却する必要が生じた際には，通常，その売却先は大きな上場会社となる。これは必ずしも人々の利益になることではない。

2） IHT は非上場会社の成長の足かせになっている。すなわち，より会社が成長した結果 IHT が多額となり，その支払いが自社株の売却以外で用意できない事態となることを避けるために，いっそ企業活動にさまざまな規制を設けてそれ以上の成長を制限し，IHT の負担が生じないようにしているいくつかの会社がある。

3） 上場会社は，そのほとんどが首都に拠点を持っている反面，多くの非上場会社は地方に拠点を有していることから，地方経済の維持・発展のためには非上場会社が上場会社に買収されることを防止しなければならない。

4） 非上場会社の経営者は上場会社のそれと異なり，最近の自社株の価値について常に関心があるわけではなく，会社の長期的な価値に関心を置きながら経営をしている。

5） 政府は新しいビジネスを特に支援しており，それは新しい会社の成長を促すが，そのようなファミリービジネスは IHT の負担を和らげられる世代，すなわち現在の BPR の適用に必要な支配可能株数が維持できる世代までしか続かない。

6） BPR でなくとも，PET を用いて非上場株式を経営者候補に譲れば IHT は課されないが，7 年先を見越して急いで決めた後継者は経営不適格である可能性もある。逆に生前贈与によって株式を譲った後継者が非常に有能であっても，移転後 7 年以内に贈与者が死亡した場合には IHT の負担から逃れることはできない。

また同議会で同じく保守党の William Clark は，「政府が企業の成長のための政策を施しても，ファミリービジネスは IHT の負担を避けるためにその拡張を恐れ，利益を削減する可能性がある。」と発言しており，IHT の存

在が，推進している経済政策の足かせとなる可能性も示している。

さらに，William Powell は1991年4月30日の下院議会で，「BPR はオーナーファミリーに有利なだけであって，より従業員の富の増加を重視する政策が必要である。」と発言した議員に対して，「ファミリービジネスが従業員へのインセンティブとして持株制度を導入した場合，従業員はその価値の増加を望むが，BPR がなければオーナー側は相続税の負担増となるためにあまり価値を上げたくないという矛盾が生じる[49]。」と，反論している。

このような背景を整理すると，非上場株式に関する BPR の減額割合は，評価的な観点からその取得資産に見合った担税力まで課税対象額を減額するという観点と政策的な目的から構成されているといえる。

つまり，1992年3月までの期間については政策的な背景を考慮していないとするならば，持株比率に変化はあるものの，非上場株式について市場性がないことに対して当初評価額から減額する割合は30％であり，それに加え持株比率が一定以上の場合には，そのビジネスを継続するために処分が困難であるという部分として20％を上乗せしている。つまり結果として，持株比率が一定以上の場合においてその取得資産に見合った担税力としている割合はそれを合計した50％であることになる。

その後イギリス経済の存続・発展のために非上場会社を保護する必要性が強く訴えられ，BPR の割合を増加することが提案された。その結果として，1992年3月には25％超を移転者が所有していた場合の BPR は100％控除となり，ほとんどのファミリービジネスが IHT の対象から除外された[50]。つまり，減額割合として50％を上乗せしたのは政策的な配慮であると考えられる。ただし遺産課税方式であるため，財産の取得者がそのままの持株比率を維持することは要求されないので，政策的な配慮に対する拘束性はないと考えられる。

さらに1997年からは持株比率に関係なく，すべての非上場株式について100％減額となった。これは，前述のようにせっかく従業員が株式を取得しても持株比率が低いことから BPR が適用にならず，IHT の支払いのために

それを売却しなければならない状況等を想定したものと考えられる。

また，イギリスのBPRは非上場株式のすべて（議決権のない株式を含む）を対象としているため，移転によって非上場株式を「取得する者」については，特に非上場会社の役員でなければならないなどの制限は何もない。

ただし他のBPRと同様に，会社が保有する資産のうち，将来において実際には必要とされない部分は除外される。実際に必要とされる（required）とは，「絶対に必要なものであり，与えられたプロジェクトのために使用されるか，ビジネスのために使用されるものが明白であるもの」を意味し，「3年とか7年周期で必要とされる可能性があるものを示すのではない」として，非上場会社が有していた現金のうち，過剰と認められた部分をBPRの対象外とした判例がある[51]。

なお，被相続人もしくは移転者が支配を有していた上場会社株式についてもBPRが認められている。これは1976年に非上場株式と同時に30％控除が導入され，その後1977年より現在と同じ50％控除となり，1987年に非上場株式と扱いが分かれてから何ら改正がなされていない。上場株式は市場が存在するために原則として処分が可能であるが，IHTの支払いのために大量に放出した場合には売買価額が大幅に下落することが考えられる。そのような状態を想定しても，50％の減額割合をもってすれば納税に窮することは少ないと考えているとすれば，これも非上場の株式と同様に，その評価額のうち50％については担税力が欠けているとの考えであるといえる。

イギリスでは，ある程度の議決権をファミリーで維持しようとするならば積極的にPETを使って，税負担なく計画的な移転が可能である。さらに，新興企業の株式が取引されている主だった市場（USM, AIM, EU junior markets, NASDAQ Europe）に当該株式が上場していても，それは非上場扱いとなることから100％控除の対象となる。

② 非上場株式の評価

100％控除が適用される限り，非上場株式の評価がIHTの課税に際して問題が生じることはないと考えられる。ただし，申告書の作成や，将来の売却

をした場合の CGT の計算などの際には，移転時の価額が必要となるため，これを算定しておくことが求められる。

評価額は，原則としてその時点において，開かれた市場で売却されたとした場合の価額であるが，非上場株式は一般的にそれを計算するのが困難で，専門性を必要とする。そこで，HMRC と納税者間で価格について合意する際には，会計士・事務弁護士（solicitor）・評価の専門家等に依頼することも想定しており，また，評価においては以下の事項を留意すべきであるとしている[52]。

> ・評価時点から過去3年間の業績
> ・財政状態あるいは株主に対して通常必要とされる情報
> ・持株比率（例えば支配株主であるか），株式の権利関係
> ・配当方針
> ・同業他社との比較
> ・評価日現在の営業や経済の状況
> ・どのように計算が行われたか（評価方法，採用された前提や調整，根拠資料）
> ・その他の関連要因

③ CGT との関係

財産を無償もしくは時価よりも低い価額で移転した場合には，その取得価額と時価の差額について，原則として CGT が課されるが，非上場株式や5％以上の議決権を有している株式についてこれを行った場合には，Gift Hold-Over Relief として，取得者が最終的に売買を行う時まで，課税の繰延をすることができる（TCGA 1992 s165）。

なお，前述したように受贈や相続によって取得した非上場株式は，当該行為が行われた時点での評価額が取得者の取得価額となるが，無償もしくは時価よりも低い価額で移転し，移転者が当該時点で CGT に関する課税の繰延を適用した場合には，取得者の取得価額については，移転者の取得価額が考慮される[53]。

さらに，投資以外の目的で所有していた株式を譲渡した場合には，「entrepreneurs' relief」の適用も可能であり，2011年4月1日以降は生涯で£10,000,000までの譲渡益について10％の税率を適用できる（CG 64010）。なお，これについてもBRBが計算上は考慮され，それを超えた部分について10％の税率が適用される[54]。

例7　BPRとCGT, entrepreneurs' relief

> メアリーの所得は，すべての諸控除を引いた後で£28,000であり，この他にキャピタルゲインは£1,050,000（このうち entrepreneurs' relief の対象となるものは£1,000,000）であった。過去に entrepreneurs' relief を受けたことはない。
>
> 　　　BRBのうちキャピタルゲインに適用される部分
> 　　　　　　　　　　　　　　£35,000 － £28,000 ＝ £7,000
> 　10％の適用部分（entrepreneurs' relief）　　　　£1,000,000
> 　18％の適用部分　　　　　　£7,000 － £1,000,000なので0となる。
> 　28％の適用部分　　　　　　£1,050,000 － £1,000,000 ＝ £50,000
> 　税額の計算　　　　　　　　基礎控除£10,600は28％部分に適用する。
> 　　　　　　　　　　　　　　£1,000,000 × 10％ ＝ £100,000
> 　　　　　　　　　　　（£50,000 － £10,600）× 28％ ＝ £ 11,032
> 　　　　　　　　キャピタルゲインに対する税額合計　　　£111,032

(7)　イギリスにおける制度の特徴

以上のようにイギリスにおけるBPRの制度を述べてきたが，そもそもイギリスは遺産課税方式を採用しており，また，IHT自体がさほど重要な税として位置づけられていない。ただし，日本も民主党政権時には遺産課税方式の導入が検討されたため，その場合にはイギリスの制度は参考とされるであろう。

さらに国際経済の中でイギリスの非上場会社について考察する場合には，この制度を理解し，仮に日本の非上場会社がイギリスに存在した場合にはどのような取扱いを受けるかという点を考察しておくことは有用であろう。け

だし，イギリスの非上場会社はIHTの内容を熟知していれば，承継によって税負担がかかることは基本的にはなく，ファミリービジネスの活動が日本におけるそれよりアドバンテージを持っていると考えられるからである。

また，CGTやentrepreneurs' reliefなどの優遇措置は，日本においても起業を促進する際に，その株式所有者のモチベーションを向上させる際の参考となることもあろう。

2　ドイツにおける相続税法と非上場株式の取扱い

(1)　ドイツにおける相続税法のあらまし

ドイツにおける2009年の総税収は886,369百万€であり，うち相続税及び贈与税からの税収は4,550百万€となっている[55]。ドイツにおける相続税の歴史は長いが，現在の相続・贈与税法（Erbschaftsteuer-und Schenkungsteuergesetz, Inheritance and Gift Tax Act：以下「ErbStG」という）という名称になったのは，1974年である[56]。その後1995年6月22日の連邦憲法裁判所判決（(5)参照）を受けて，1997年2月27日に現在の法律である新法が公布された。また，2006年11月7日にも連邦憲法裁判所判決（(3)参照）がErbStGに重大な影響を[57]与える判断を下したことから，2008年12月24日に相続税法改正法（EebStRG 2008）が成立し，2009年1月1日から施行されている[58]。

財産評価については評価法（Bewertungsgesetz：以下「BewG」という）が制定されており，ErbStGでは項目ごとに従うべきBewGの条文を示している。さらに，ガイドラインとしてのErbschaftsteuer-Richtlinien（以下「ErbStR」という）が，連邦財務省（Bundesministerium Der Finanzen：以下「BMF」という）によって公表されている。

ドイツにおけるErbStGは1974年の立法趣旨によると，「相続人もしくは受贈者の財産の取得によりその富が取得者に移転することによる担税力の増加に対し，社会的な富の再配分を目的として課税される」[59]とされており，

遺産取得課税方式であることを明らかにしている。また2007年の改正案においても,「この税による富の再配分は,社会における機会の平等に重要な貢献をする」[60]とされており,基本的にその廃止については考えられていない。

このようにErbStGは,ある個人の死亡もしくは贈与により財産を取得した者が,それによって財産を増加させたことについて担税力を見出して課税するものであり[61],納税義務者は財産を取得した者である(§2 ErbStG)。課税事象となるのは,死亡による取得,生前贈与,負担付贈与,及び家族等のために設置された財団・社団等が30年を経過した場合である(§1 ErbStG)。この事象に該当し,非課税とならないものは課税取得となり(§10 ErbStG),原則的にBewGの規定に基づき評価される。

ErbStGは遺産取得課税方式であるため,取得者に応じて課税クラス(Steuerklassen)を設けている。そして,基礎控除(Freibeträge)・税率(Steuersätze)も,それに応じてそれぞれ定められている。

課税クラス及び基礎控除は図表Ⅲ-4のようになっており(§16, 17 ErbStG),税率は図表Ⅲ-5のとおりとなっている(§19 ErbStG)。ただし,取得金額ごとに定められた税率に基づき計算した税額と,1ランク前の取得金額の上限を超えなければ計算されたであろう税額の差額は,以下の金額を上限として徴収される。

> a) 税率が30%までの場合には,1ランク前の上限額を超える額の半額
> b) 税率が30%超の場合には,1ランク前の上限額を超える額の3／4

図表Ⅲ-4　課税クラス及び基礎控除

課税クラス		基礎控除（€）	
クラスⅠ	1．配偶者及び生活パートナー	プラス特別控除[62]	500,000 256,000
	2．子供及び継子[63]		400,000
	3．2の子孫	2が死亡している場合 2が存命中の場合	400,000 200,000
	4．父母及び祖父母（相続の場合）		100,000
クラスⅡ	1．父母・祖父母（クラス1以外）		20,000
	2．兄弟姉妹		
	3．甥姪		
	4．継親		
	5．義理の子供		
	6．義理の親		
	7．離婚した元配偶者及びパートナーシップを解消した元パートナー		
クラスⅢ	上記以外		20,000
	財団，社団等に対するもの		2,000

図表Ⅲ-5　税率

取得した資産の金額（€）	課税クラスごとの税率（％）		
	Ⅰ	Ⅱ	Ⅲ
75,000以下	7	15	30
300,000以下	11	20	30
600,000以下	15	25	30
6,000,000以下	19	30	30
13,000,000以下	23	35	50
26,000,000以下	27	40	50
26,000,000超	30	43	50

なお，以下の例8から例14までの計算例はRSM Deutschland GmbH Wirtschaftsprüfungsgesellschaftの検算を受けている。

例8

　　課税クラスⅠで，基礎控除後の課税対象額がA）675,000€，B）677,500€とすると，それぞれ税額は以下のように計算される[64]。
　　A）675,000€の場合
　　　①　単純に税率を乗じた額　675,000€ × 19% = 128,250€

② 1ランク前の上限金額の税額　600,000€ × 15％ = 90,000€
③ ① − ② = 38,250€
④ 1ランク前の上限金額を超える額の半額
　　(675,000€ − 600,000€) × 1／2 = 37,500€
　　③＞④，よって②に加算される上限は37,500€となる。
$$税額 = ② + ④ = 127,500€$$

B) 677,500€の場合
① 単純に税率を乗じた額　677,500€ × 19％ = 128,725€
② 1ランク前の上限金額の税額　600,000€ × 15％ = 90,000€
③ ① − ② = 38,725€
④ 1ランク前の上限金額を超える額の半額
　　(677,500€ − 600,000€) × 1／2 = 38,750€
　　③＜④，差額が上限に達していないため90,000€に加算される金額は，38,725 €となる（合計は①と同額になる）。
$$税額 = ② + ③ = ① = 128,725€$$

例9

課税クラスⅢで，基礎控除後の課税対象額がA) 10,600,000€，B) 11,000,000€とすると，それぞれ税額は以下のように計算される。

A) 10,600,000€の場合
① 単純に税率を乗じた額　10,600,000€ × 50％ = 5,300,000€
② 1ランク前の上限金額の税額　6,000,000€ × 30％ = 1,800,000€
③ ① − ② = 3,500,000€
④ 1ランク前の上限金額を超える額の3／4
　　(10,600,000€ − 6,000,000€) × 3／4 = 3,450,000€
　　③＞④，よって上限は3,450,000€となる。
$$税額 = ② + ④ = 5,250,000€$$

B) 11,000,000€の場合
① 単純に税率を乗じた額　11,000,000€ × 50％ = 5,500,000€
② 1ランク前の上限金額の税額　6,000,000€ × 30％ = 1,800,000€
③ ① − ② = 3,700,000€
④ 1ランク前の上限金額を超える額の3／4
　　(11,000,000€ − 6,000,000€) × 3／4 = 3,750,000€

> ③＜④．差額が上限に達していないため1,800,000€に加算される金額は，3,700,000€となる（合計は①と同額になる）。
>
> $$税額 = ② + ③ = ① = 5,500,000€$$

さらに非課税となる財産として主なものは以下のとおりである（§13 ErbStG）。

> ・日用品，衣類等　　課税クラスⅠでは41,000€，課税クラスⅡ及びⅢでは12,000€。
> ・芸術品及び学問上のコレクション等で一定の要件を満たしたもの。
> ・不動産等で国民の福祉に供しているもの。
> ・配偶者等への自己居住用住宅の相続・贈与。
> ・子供，孫（子供が死亡している場合）の自己居住用住宅の相続（贈与は除く）。
> ・生活費及び就学費。
> ・政治献金。

(2) ドイツにおける生前贈与の規定

§7 ErbStGでは，生前贈与（Schenkungen unter Lebenden）の規定が設けられており，その代表的なものとして，「受贈者が贈与者の費用において利益を受ける限りにおいて，生存者間で行われるすべての任意の贈与[65]」があげられる[66]。生前贈与が行われた場合には，その時点で納税義務の有無が判断され，それが生じていればErbStGが計算されるが，この際には過去10年以内に同一の人物から発生した贈与は合算されて再計算される（§14 ErbStG）。

これは，財産の移動を数年に分けて分割することによる基礎控除額等の複数回にわたる適用や，1年当たりの財産の移動を少額とすることによる低い税率の適用とを防ぐために設けられている[67]。ただし，過去の贈与財産についての評価は，当該贈与時点での時価によって行われたものとされ，集計時点で再評価を行う必要はない。また，最後の贈与に対して課される税額

は，その贈与額の50％を超えてはならないとされており，税の最高限度は5割であるという五公五民の考え方が取り入れられている。なお，生前贈与の際には贈与者に対するキャピタルゲインは課税されない[68]。

例10

> ダニエルは息子に対し，2009年に450,000€の現金を贈与した。さらに2011年には350,000€の現金を贈与した。
> 2009年の計算
> 　贈与額450,000€ − 基礎控除400,000€ (※1) = 課税対象額50,000€
> 　贈与税額の計算　50,000€ × 7％ = 3,500€
> 2011年の計算
> 　贈与額（350,000€ + 450,000€ (※2)）− 基礎控除400,000€
> 　　= 課税対象額400,000€
> 　贈与税額の計算　400,000€ × 15％ − 3,500€ (※3) = 56,500€
> 　贈与額 × 50％ = 350,000€ × 50％ = 175,000€
> 　175,000€ ＞ 56,500€　よって贈与額の50％を超えていない。
> 　※1　クラスⅠ子供
> 　※2　2009年贈与分
> 　※3　2009年に支払った贈与税

(3) ドイツおける財産評価の概要

財産は，埋葬費や相続に必要なコストあるいは相続人が引き継ぐ債務を除いた純額に対して課税されるが[69]，そもそも財産についての課税価額，すなわち評価については前述のように近年に大きな改正があった。

まず1995年6月22日に，ドイツ連邦憲法裁判所はそれまでの財産評価について違憲判決を下している。そこでは，財産の種類によって異なる評価方法が適用されているのは平等原則に反するとして，1996年12月31日までにその瑕疵を修正することを立法者に義務付けるものであった[70]。そこで1997年の改正では，それまで他の財産とは異なる方法で評価（1964年に評価された価額を基礎として調整を加えた統一価額）していた不動産（Grundbesitz）

についての規定を廃止した。

　次に2006年11月7日の判決では，財産の種類による評価の不平等な差異は，財産評価に後続する控除額や優遇税率などの制度によっても治癒されないとして，財産評価レベルにおける平等を厳格に求め，すべての財産について通常価額（時価：gemeiner Wert）による一律評価を強く打ち出した判断を行い[71]，2008年12月31日までにErbStGを改正するように立法者に義務付けた。それを受けて，2008年相続税改正法は，すべての種類の財産について原則として通常価額による評価を行うこととしつつも，財産の種類に応じて多少異なる価額算定方法を定めた。

　これにより，現行の財産評価は§12 (1) ErbStGにおいて，「評価は，以下に異なる定めがない限り，1991年2月1日に施行され，2008年12月24日に最終改正されたBewGの最初の規定（一般的な評価規則）[72]に従う。」と定められている[73]。

　BewGにおける一般的な評価規定では，まず，財産はその使用されている経済的単位（Wirtschaftliche Einheit）を対象として評価され，個々の財産評価の積み上げではないとしている（BewG §2）。そして，財産は他の規定がない限り，原則として通常価額で評価される。通常価額は，通常の取引において売買される価額であり，それに影響するすべての事情が考慮されるが，異常な，または個人的な事情は考慮されない（§9 BewG）。

　通常価額には，市場価格（Kurswerte，§11 (1) ③ BewG），再取得価格（Rücknahmepreis，同 (4)），割引現在価値（Kapitalwert，§13-16 BewG）等が含まれる。

　さらに，評価する時点は課税関係が成立した時点（§11 ErbStG）としており，その成立は一般的に，相続の場合には死亡時，生前贈与の場合には財産の提供が完了した時点であり（§9 ErbStG），評価日以降の財産価値の変動はErbStGに影響を与えない[74]。

(4) ドイツにおける株式譲渡益課税の概要

ドイツにおいては，譲渡人が譲渡直前の5年以内に，直接・間接的にその会社の資本を少なくとも1％所有していた場合には，ドイツ所得税法（Einkommensteuergesetz（以下「EStG」という））において事業所得（Einkünfte aus Gewerbebetrieb）として扱われ（§17 (1) EStG），他の所得と通算されて累進税率による課税[75]とされるが，その譲渡益に対して40％の所得控除が認められる。これ以外の場合にはキャピタルゲイン課税（Kapitalvermögen，§2 (1) ⑤，§20 EStG）の対象となり，そこでの税率は分離課税で25％（§32d EStG）とされているが，両者ともこの他に州税等が加算される。なお，無償（相続や贈与）によって取得した株式を譲渡した場合の取得原価は，前所有者（すなわち被相続人もしくは贈与者）の取得価額を引き継ぎ（§17 (2) EStG），相続や贈与時の時価には置き換えられない。

例11

> ラグースは10年前に父から相続した株式（相続時の時価50,000€：父の取得価額10,000€，所有割合5％）を120,000€で売却した。
> 譲渡益の計算＝（120,000€ － 10,000€）×（1 － 0.4）＝66,000€

なお，§35b ErbStGでは所得税と相続税の二重課税を緩和する規定が設けられており，相続が発生した年もしくはそれから4年前までに相続税が課された財産を譲渡する場合には，譲渡によって生じるEStGから相続税相当額が控除される（例15参照）。

(5) ドイツにおける事業承継税制

ドイツにおける事業承継税制は，過去2回のドイツ連邦憲法裁判所（Bundesverfassungsgericht：Federal Constitutional Court of Germany. 以下「BverfG」いう）の判決により，大きな影響を受けている。まず，1995年6月22日判決では，BverfGは事業承継税制について以下のような見解を示している[76]。

「立法者は租税負担の形成にあたって，一定の事業—特に中規模企業—が相続税によって生じる追加的な財政負担によってその存亡の危機にさらされることを考慮しなければならない。それらの企業はある特定の目的のために独立しているが，経済的機能単位として組織化された事業は，特別な形式で公共の利益に拘束され，公共サービスの提供を義務付けられている。つまり生産力や労働場の保証人として，特に雇用者に対する義務があり，営業基本法，経営管理法，及び長期間の投資によってもより高い法的拘束を受けている。その結果として相続人が相続によって事業財産が増加しても，事業と個々の事業関連資産は，他の資産に比べて処分可能性が制限されるため，相続税額に対しその担税力が見合わない。平等原則（Gleichheitssatz：ボン基本法第3条①）は相続税負担に伴い事業譲渡や廃業が行われることを要求しているのではなく，相続によって財産や収益力が増加することがないまま，社会的拘束性の中で事業を継続する相続人について，事業を継続することによる担税力の減少を考慮しなければならないことを求めている。相続税負担は，事業が継続できるように財政的に危機に瀕することがないように算定されなければならない[77]。」

　これについて吉村（2011, 234頁）は，

「要するに，連邦憲法裁判所によれば，事業承継について相続税の負担を軽減する理由は，社会的拘束を受ける事業を継続することによって納税義務者の担税力が低下するためということであった。つまり，事業承継につき相続税負担を軽減する事業承継税制は応能負担原則に基づく措置であるという位置づけであり，その限りにおいて租税優遇措置とは理解されないことになる。」

としている。つまりBverfGは，「事業の継続について相続税負担を減少することは，優遇税制ではなく，平等原則に従ったもの」と判断を下したことになり，事業承継税制は必要不可欠なものであるということになる。

　この判断は，その後ドイツにおいて事業承継税制をめぐる議論において，常に念頭に置かれて用いられている。例えば(7)において述べるが，2012年に

Bundesfinanzhof（Federal Finance Court of Germany；以下「BFH」という）は現行の事業承継税制について，その一部が違憲ではないかという判断をし，BverfG に対してその妥当性について判断を申し立てている。現在の時点では，BverfG 側はその内容の一部について認めつつも，基本的に反対である旨を表明している。しかし，両者とも根拠としては，「応能負担原則（Leistungsfähigkeitsprinzip）」を用いており，それに対する若干の解釈の違いはあるが，事業承継税制をそこから考えるという点では一致している。また Dr.Georg Crezeilus はこの論争について Crezelius（2012, p. 8）においてやはり「応能負担原則」を用いて解説している。つまりドイツにおいて事業承継税制は，応能負担原則を判断基準としてその内容が常に検討されているといって差し支えないであろう。

次に，2006年11月7日判決では，

「§19 ① ErbStG の規定による，取得財産の価値に対する統一的な税率による相続税の徴収は，主な資産（不動産，事業用資産，会社株式，農業と林業事業体）グループ間におけるその評価が統一的ではないため，ボン基本法§3 ①に基づく平等原則を満たさない[78]。」

という判断を下した。これは財産について評価がその種類によって異なり，その結果を統一的な税率表を用いて相続税額を計算することは，平等原則に反するために違憲であるとし，基本的にすべての財産の評価を通常価額によって行うことを要請し，特に事業用資産の評価において，それまでの税務貸借対照表上（Steuerbilanzwerte）の表示価額による評価によっていたことが，当時において高い蓋然性をもって通常価額を相当下回る価額となっていたことを強く非難し，まさに不平等で恣意的な評価結果を招来すると判断したものである[79]。

この結果を受けて，2008年1月28日に改正法案が連邦議会に提出され，そこでは，「すべての財産クラスで合憲となる正確な評価を目指す」としており，さらに，「一般的な家庭において，特に個人の居住用資産などには，相続税負担がないようにするなど明らかに高い税の控除を保証するものであ

り，加えて事業承継としての相続や贈与を容易にするものである」と明確に記されている[80]。

さらにそこでは，「適切な優遇制度（zielgenaue Verschonungs-regelungen）によって，特に公益に資する財産は相当程度優遇される。よって，事業承継を行う際により広く雇用の確保を行うような企業は，税負担の軽減を受ける。何故なら，ドイツにおける中小企業や従業員を有する家族企業については，その承継の際に従業員にとってもしばしば重要な局面を与えるからである。」としており，事業承継税制の必要性として特に「雇用の確保」をあげている。

一方で，改正法案は違憲とされた資産評価の方法を大幅に改め，その結果として事業用資産の評価額が上昇してしまうことが考えられたため，それまでの課税レベルとほぼ同じ税額となるようにするためには，より一層の課税上の恩典を与えなければならなくなり，事業承継税制についても大幅な変更を余儀なくされた[81]。法案は若干の修正を受け，2008年12月24日に改正法が成立し，2009年から施行された。

現在のErbStGにおいては§13aに，「Steuerbefreiung für Betriebsvermögen, Betriebe der Land-und Forstwirtschaft und Kapitalgesellschaften（事業用財産，農業林業のための土地，資本会社のための特別控除，以下「特別控除」(Verschonungsabschlag) という)」の規定が置かれている。

この特別控除は，「雇用の確保」が承継によっても継続されるように，5年間の給与支払総額が基準給与の一定割合（原則は400％）を満たすことを要件として，事業用資産，農林業資産，及び資本会社の持分（その25％超に直接的に関与しているもの）は，税の計算にあたってその評価額のうち原則として85％が（§13b (4)），さらに7年間の給与支払総額が700％以上などの要件を満たした場合には100％が（§13a (8))，それぞれの資産の評価額から特別控除 (Verschonungsabschlag) された後に税額計算が行われる。基準給与とは，過去5年間の平均給与額であり（§13a (1) ErbStG），賞与等の

諸手当も含み，手取額ではなく社会保険料や源泉税をも含まれた金額である（同(4)）。

さらに，3,000,000€ までの事業用資産については，10年以内の同一の者からの取得について1回に限り，特別控除後の残額から，150,000€ もしくはその一部を控除（§13a (2), Gleitender Abzugsbetrag, 以下「少額逓減控除」という[82]）して課税される財産の金額が求められる。

ただし，贈与者もしくは被相続人が第三者に移転する契約等が付されている資産については特別控除及び少額逓減控除が適用されない（§13a (3) ErbStG）。

なお，事業資産中に直接事業には貢献していないとみなされる「管理資産（Verwaltungsvermögen）」がある場合には，原則として，その通常価額の合計が資産全体の50％を超えていると，特別控除及び少額逓減控除の適用を受けることができない（§13b (2) ErbStG）。管理資産の内容は図表Ⅲ-6のとおりである[83]。

なお，事業資産となって2年を経過しない管理資産については割合の計算に含めない。

図表Ⅲ-6　管理資産の内容

第1号管理資産	第三者の利用に供されている不動産等（但し，人的会社の出資者が人的会社の事業に提供している資産，支配事業主が事業の用に供している資産で，取得者が出資者又は事業主の地位承継する場合等を除く）。
第2号管理資産	直接保有割合が25％以下の資本会社に対する出資持分（但し，金融機関による保有の場合を除く）。
第3号管理資産	人的会社に対する出資（海外のこれに類する人的会社を含む）及び第2号管理資産に含まれない資本会社に対する出資で，これらの会社の事業資産に占める管理資産の割合が50％を超える場合。
第4号管理資産	有価証券並びにそれに類する債権（但し，金融機関による保有の場合を除く）。
第5号管理資産	芸術品，宝石類等でこれらの販売又は加工が事業の主たる目的でない場合。

これは，そもそも事業承継税制は社会に貢献する生産・販売用資産等に対して適用されるものであるから，事業資産の半分以上がそのような活動に貢献していない場合には，特別控除の対象とさせてはならないと考えられているからである[84]。

　これらの規定は，相続及び生前贈与の両者について適用される。また，5年または7年の期間における給与支払総額が基準給与を下回った場合には，事業用資産の特別控除額は，基準給与から下回った割合について減額される（§13a (1) ErbStG）。さらに5年または7年の期間以内に以下の事項が生じた場合には，この優遇措置は遡及的に否認される。

> ①事業が売却された場合。
> ②農林業事業が売却された場合。
> ③人的会社の社員が出資と累積利益の合計額に加えて150,000€を超え引き出しをした場合。
> ④資本会社に対する出資が売却された場合。
> ⑤資本会社の25％超の直接保有割合の算定において，実質的にその割合が維持されなくなった場合。

　このような場合には，特別控除と少額逓減控除について，③の場合には全額が，それ以外の場合には経過年数に比例して控除額が減額される（§13a (5) ErbStG）。

　ただし，5年または7年の期間経過後は何らこのような制限はない。

　特別控除の概要を一覧とすると図表Ⅲ-7のとおりである。

図表Ⅲ-7 特別控除の概要

項　目	内　　容	条文：ErbStG
対象資産	・事業用財産 ・農業林業のための土地 ・資本の25％超に関与する資本会社の持分	§13a (1) §13b (1)
財産評価額からの特別控除割合	・通常の場合85％	§13b (4)
	・特別の要件を満たした場合100％	§13a (8) ④
少額逓減控除	・10年間以内の同一人からの資産取得について1回に限り認められる。 　その控除額は，特別控除後の残額（15％）が150,000€ 未満であればその全額が，そうでない場合には，特別控除後の残額から150,000€ を控除した額の50％を150,000€ から控除することによって求められる[85]。	§13a (2)
適用除外資産	・贈与者もしくは被相続人が第三者に移転する契約等が付随した資産については特別控除及び，少額逓減控除の適用はない。	§13a (3)
管理資産の割合	・特別控除85％を納税者が選択する場合には50％を超えてはならない。	§13b (2)
	・特別控除100％を納税者が選択する場合には10％を超えてはならない。	§13a (8) ③
給与支払総額要件 ※ただし従業員が20人以下，もしくは基準給与が0€の場合に，この要件はない。	・特別控除85％の場合には，取得後5年間の給与支払総額が基準給与の400％を下回ってはならない。	§13a (1)
	・特別控除100％の場合には，取得後7年間の給与支払総額が基準給与の700％を下回ってはならない。	§13a (8) ①
報告義務	・取得者は税務署に対し，6ヶ月間の給与支払実績が要件を下回る場合，あるいは過去1ヶ月以内に要件を満たさなくなる事実が生じた場合には，報告をしなければならない。	§13a (6)
	・適用資産に国外資産がある場合には，事前に申請しなければならない。	§13a (7)
課税クラスの調整	・課税クラスⅡ及びⅢの納税者が取得した場合には，クラスⅠによる取得と同レベルまで税額が軽減される。	§19a (4)

例12　特別控除の計算

> 配偶者が唯一の相続人で事業用資産は10,000,000€，他の遺産はないものとするとErbStGは以下のように計算される。
>
> （単位：€）
>
> 事業用資産　　　　　　　　　　　　　　　　10,000,000
> 特別控除（85％）　　　　　　　　　　　　　－8,500,000
> ① 特別控除後の事業用資産の額　　　　　　　　1,500,000
> ② 少額逓減控除額　　　　　　　　　　　　　　　　0※
> ③ ①－②　事業資産の課税対象額　　　　　　　1,500,000
> ④ 配偶者の基礎控除　　　　　　　　　　　　　　500,000
> ⑤ 特別控除　　　　　　　　　　　　　　　　　　256,000
> ⑥ 課税財産の額　　　　　　　　　　　　　　　　744,000
> ⑦ 税率（課税クラスⅠ，6,000,000以下）　　　　　19％
> ⑧ 単純に税率を乗じた金額　　744,000×19％＝141,360
> ⑨ 1ランク前の上限金額の税額　600,000×15％＝90,000
> ⑩ ⑧－⑨　＝　51,360
> ⑪ 1ランク前の上限金額を超える額の半額
> 　　　　　　（141,360－90,000）×1／2＝25,680
> 　⑩＞⑪
> 　よって税額は90,000€＋25,680€＝115,680€
> 　※　①－150,000＝1,350,000
> 　　　1,350,000×50％＝675,000
> 　　　150,000－675,000＝－525,000　よって，少額逓減控除は0である。

(6) 非上場株式に関する取扱い

① 株式に関する評価の特別控除

ドイツにおいては，株式の相続・贈与に関して課税上の恩典を受ける要件は§13b (1), ③ ErbStGに定めており，そこでは当該会社がEUもしくは欧州経済圏内にあり，被相続人もしくは贈与者が資本（Nennkapital）の25％超に直接関与（unmittelbar beteiligt）している場合としている（Mindestbeteiligung：最低限の参加）。

資　本　はGmbH（Gesellschaft mit beschränkter Haftung），KGaA

（Kommanditgesellschaft Auf Aktien）及び AG（Aktiengesellschaft）への出資であり，会社が自己所有している部分や，他の法人の株式を有していることによって間接所有している部分は除かれる（RE13b. 6 (1) ErbStR）。なお，そこにおいては上場または非上場の区別はない。そして，§13a ErbStG に定める特別控除であるから，他の資産と同様に取得後 5 年間もしくは 7 年間の給与支払総額及び継続保有等の要件がある。

ドイツにおいて，資本の25％超に直接関与している場合に特別控除を認めているのは，基本的にはその決議能力による。すなわち定款変更・解散・企業契約締結・編入・合併・分割・法形式等の変更等の基本的決定，つまり日本の会社法に定められているような特別決議事項は，過半数決議に加えて，4 分の 3 以上の特別多数を必要としており（§53 Gesetz betreffend die Gesellschaften mit beschränkter Haftung 他），株式の25％超を有している株主は，当該基本的決定の阻止ができるため[86]，会社に対して多大な影響をもたらす権利を有していることから，特別控除の対象としているのである。

ここにおいて特筆すべき点は，たとえ個人としての持株割合が25％に達していなくても，他の株主とプール合意（Poolvereinbarung）をすることにより，他の株主の所有分と合わせて関与が25％超に達すれば特別控除の対象となることである。この趣旨は，ファミリービジネスが何世代にもわたって株式が引き継がれている場合に，ファミリーを構成する一個人では会社の資本に対する関与が25％に達しないことも考えられるが，親族やその他のグループで25％超の関与がある場合には，会社の政策や行動に創業者や承継者の意思が強く出され，それを尊重することによって雇用の確保に強いインパクトを与えることができるため，特別控除を認めるものであるとされている[87]。

プール合意の内容としては，以下のような定めをしておく必要がある（RE13b. 6 (3) ErbStR）。

> 1) 定められた方法でしか株式を譲渡することができないか，もしくは，同じ合意をしている株主にしか譲れないこと．
> 2) 議決権は当該合意に参加していない他の株主に対抗するために，定められた方法に従って行使すること．

他の参加者を認める場合には，当該他の参加者にもこれらを順守させる必要がある．また，議決権のない株式はプール合意には入れられないが（同(5)），合意者が有している議決権のない株式については特別控除の対象になる[88]．

なお，これ以外に，例えば取得者が代表者や会社の役員でなければならないという要件はなく，プール合意からも明らかなように複数の者が特別控除の適用を受けることができる．

② 非上場株式の評価

前述したように，財産の評価は原則として通常価額（時価：gemeine Wert）で評価されるが，特に有価証券の評価方法は§11 BewGに定められている．そこではまず，上場有価証券は証券取引所において売買されている価格（Markt notierten Kurs，同(1)）で評価される．

非上場会社の株式や資本会社の持分についても，通常価額で評価されるが，過去1年以内に行われた第三者への売却価格がある場合にはまずそれを適用する．それ以外の場合では，その資本会社の期待収益等による方法又はその他一般に認められる方法によって算定される[89]が，事業その他に利用されている資産から，それに係る負債等を控除した額である清算価値（Liquidations）と，その資本会社の物質的価値（Substanzwert）を下回ってはならないとされている（同(2)）．なお，明らかに不適切な結果[90]（offensichtlich unzutreffenden Ergebnissen）とならない限り，単純収益価格方式（§200 BewG, vereinfachte Ertragswertverfahren）によることが認められており（§199 BewG），その計算式は以下のようになる（§200 (1) BewG）．

> 事業資産の収益価格 = 1 年間の利益（Jahresertrag）
> 　　　　　　　　　　×資本化係数（Kapitalisierungsfaktor）
> ・1 年間の利益（201 (1), (2) BewG）
> 　= 過去 3 事業年度における事業利益（Betriebsergebnisses）の合計／3
> 　事業利益は，所得税法上の会社利益に，加算項目と減算項目[91]を加味した後（§202 (1) BewG），プラスとなった価額について一括30％の減額が行われる（同 (3)）。
> ・資本化係数（203 BewG）
> 　=（1／資本化金利（Kapitalisierungszinssatz））×100
> 　資本化金利 = 基礎金利（Basiszins）[92]
> 　　　　　　　+4.5（リスクチャージ Risikozuschlag）

例13　収益価値の計算

> ある会社の収益価値は以下のように算定される[93]。（単位：€）
>
> | 年 | 2010 | 2011 | 2012 |
> |---|---|---|---|
> | 所得税法 4 条に定める会社利益 | 720,000 | 650,000 | 700,000 |
> | （加算項目） | | | |
> | 法人税 | 54,720 | 49,400 | 53,200 |
> | 除外資産からの費用 | 32,000 | 32,000 | 32,000 |
> | （減算項目） | | | |
> | 無税引当 | 0 | 0 | 100,000 |
> | 除外資産からの収益 | 60,000 | 60,000 | 60,000 |
> | 配当金 | 4,000 | 4,000 | 4,000 |
> | 役員報酬 | 120,000 | 120,000 | 120,000 |
> | 仮計 | 622,720 | 547,400 | 501,200 |
> | 事業利益（上記の70％） | 435,904 | 383,180 | 350,840 |
>
> ① 3 年間の事業利益合計　　　　　　　1,169,924
> ② 1 年間の事業利益（①÷3）　　　　　　　　　389,974.66
> ③ 資本化金利4.5＋基礎金利（2.04,2013年）　6.54
> 　　収益価格 = ②÷③×100　　　5,962,915

③　CGTとの関係

　非上場株式を売却した場合には，通常の EStG が課税されるが，取得にあ

たり ErbStG が課税されている場合には(4)に述べた期間内において，二重課税の排除規定がある。

例14　相続税と譲渡益課税（金額単位：€）

① アンダーセンは時価200,000,000の株式を父から相続した。父の取得価額は40,000,000であり，相続にあたり85％の控除を受けた。

　　　　課税対象金額＝200,000,000×（1－0.85）＝30,000,000
　　　　ErbStG＝（30,000,000－課税クラスIの控除400,000）×税率30％
　　　　　　　　　　　　　　　　　　　　　　　　　　　　　　＝8,880,000

② 3年目にアンダーセンはやむなき事情からその株式のすべてを譲渡した。その年の譲渡益は180,000,000€ と計算された。

　　　85％控除の非適用割合＝85％×（5年－2年）／5年＝51％
　　　ErbStG の追加課税対象金額＝200,000,000€ ×51％＝102,000,000€
　　A：追加で支払う ErbStG＝102,000,000€ ×30％＝30,600,000€
　　B：ErbStG の総額＝30,600,000€ ＋8,880,000€ ＝39,480,000€
　　　　相続財産に対する ErbStG の割合＝39,480,000€／200,000,000€
　　　　　　　　　　　　　　　　　　　　　　　　　　　　　　＝19.74％
　　　　相続の時点で想定された売却益
　　　　　　　　　　　　＝200,000,000€ －40,000,000€ ＝160,000,000€
　　C：180,000,000€ の年間所得に対する EStG
　　　　　　＝180,000,000€ ×（1－0.4）×0.45－15,718€ ＝48,584,282€
　　D：Cのうち160,000,000€ に相当する金額
　　　　　　＝48,584,282€ ×160,000,000€／180,000,000€ ＝43,186,028€
　　E：二重課税控除額　　D×19.74％＝8,524,922€
　　F：EStG の支払額＝C－E＝40,059,360€
　　G：この年に支払う ErbStG と EStG の合計額
　　　　A＋F＝70,659,360€

(7)　特別控除に関する最近の動向

(5)において触れたように，BFH は2012年9月27日にドイツ連邦憲法裁判所に対して，現在の ErbStG の条文のうち，課税クラス摘要の特典及び特別控除の規定である§19，§13a 及び§13b についてその一部が違憲ではな

いかとし，その判断を求めている（BFH vom 27.09.2012（ⅡR9/11）。それらについてドイツ連邦憲法裁判所は2013年4月29日にKirchhof教授に対して，基本的にBFHの意見は受け入れられないとする書簡を送付している[94]。その争点は，①特別控除は恩典として行き過ぎているか，②給与支払額要件が形骸化しているか，というものである。また，③管理資産の取扱いについてはBFHの意見をほぼ認めている。これらの概略を簡潔に示すと以下のようになる。

① 特別控除の恩典が行き過ぎていることについて
  1）資産の保有あるいは雇用の継続期間が短すぎること
　　　BFHは要求される資産の保有あるいは雇用の継続期間が5年もしくは7年となっていることについてそれが短すぎるとしている。これに対し，BverfGは「ビジネスの観点からすれば，中期の経営期間は3年から5年であり，それからすると5年から7年の期間は長期経営期間に該当する。」ことから問題はないとしている。
  2）特別控除が取得した資産の価値大きさや取得者の状況を考慮していないこと
　　　BFHは応能負担原則によれば，資産の価値の大きさや取得者の状況を考慮して事業承継税制を考えなければならないとしている。これに対しBverfGは「応能負担原則の考えているものは会社の清算や雇用の喪失の防止であり，その取得した資産の価値や取得者の状況は考慮されない。」としている。
　　　また，BFHはこの検証についてデータを付しているが，BverfGはそのデータは2007年のものであり，そこでは2009年から改正された評価方法を考慮していないため現行法の解釈では用いることができないとし，さらに，BMFが示したデータは「特別控除によって，会社の清算や雇用の喪失が防止されていることを示すものであり，制度が有効に機能していることを物語っている。」としている。
  3）特別控除はその資産について存在する価値を無視していること

BFH は現在の特別控除を適用した後に，その価値が存在することについてそれは課税上の特権だとしているが，BverfG は「BFH の他の部分の論拠では事業承継制度の設計は，取得者の能力だけではなく，社会的な拘束や労働者に対する責任も考慮して制度を考えるべきであるとしており，論拠に矛盾がみられる。」としている。
② 給与支払要件について
　１）小規模の会社には給与支払要件が免除されていること
　　　BFH は従業員が20人未満の場合には給与支払要件がないことを問題としている。それに対し BverfG は，「これはその通りであるが，このような小規模の会社に対して監視を行い，管理をすることは税収と管理コストが見合わない。」としている。
　２）データによれば給与支払要件は形骸化していること
　　　BFH の調査によれば給与支払要件が90％以上の会社で遵守されていないとしている。また，期間内の賃金総額での要件であるため，特定の者の給与を上げればこの基準をクリアできることになり，結果として雇用の安定につながらないとしている。それに対し BverfG は「調査対象会社とした90％以上の会社のほとんどが，従業員20名未満の会社である。そして，従業員が10名未満の会社の従業者数は全従業者の16％を占めるに過ぎず，社会保障的な貢献が少ない。一方，従業者数が50名以上の会社の従業者数はその43.3％を占めており，こちらは給与支払要件が働いており，雇用の安定が実現していると考えられる。ただし，賃金総額を免れるスキームについては再考の余地がある。」としている。
③ 管理資産について
　管理資産が50％まであっても特別控除が適用できるという点については，担税力があるのに課税していないことになり，これについては再考の余地があるという点では一致している。

(8) ドイツにおける制度の特徴

 以上のようにドイツにおける特別控除の制度を述べてきたが，ドイツは遺産取得課税方式を採用しており，ErbStG の税体系における位置づけもイギリスと比較して重視されている。またドイツの2012年における GDP は日本に次いで世界4位であることから[95]，遺産取得課税方式を採用し，相続税法について課税を強化する方向の日本との比較対象としてふさわしいと考えられる。

 また，非上場株式に対する特別控除の考え方も，「応能負担原則」を中心に論理展開されており，租税立法論的な配慮が十分であると考えられる。

 よって，日本法の見直しに関してはドイツの制度を参考とすることが重要であろう。さらにドイツは工業国として日本とは国際競争上比較されることも多く，ファミリービジネスの活動としてどのような戦略を採用するかは，ErbStG の負担をどのように扱うかという観点も考慮されるであろうから，日本法の見直しだけではなく，その動向を把握することも日本のファミリービジネスの経営者は常に観察しておく必要があろう。

3　3国間の比較

 以上のように，イギリスおよびドイツにおける相続税及び贈与税の取扱いを示したが，日本も含めた各国の特徴とその違いについて，非上場株式の取扱いを中心としながらまとめると以下のとおりである。前述したようにイギリスについては，日本法の見直しに関してはあまり参考とはならないとも考えるが，日本における非上場企業を取り巻く環境の国際比較上有用であることや，遺産課税方式と遺産取得課税方式のそれぞれにおける考え方の違いを明確にするためにも，ここで再度比較しておくこととした。

 この3国間の比較により，日本法の特徴をより詳しく表すことができる。

(1) 相続税の課税方式と概要について

相続税の課税方式は，イギリスが遺産課税方式，ドイツ及び日本は遺産取得税課税方式である。

イギリスは遺産課税方式すなわち移転者が保有していた財産に対する課税であるため，財産の取得者によって相続及び贈与税額が異なることは基本的にはなく，基本的に税率は一律40％となっている。ただし，配偶者等間の取引については，IHTの課税対象としないなどの配慮がある。

ドイツは遺産取得課税方式であることから，相続や贈与による財産の取得による担税力の増加について課税され，その担税力についての配慮として，贈与者もしくは被相続人と取得者の関係によって課税クラスを設け，基礎控除と税率もそれに合わせて設定している。さらに，配偶者等や子孫への自己居住用財産については非課税とするなど，一般的な家庭において，相続税負担がないようにするなどの配慮がなされている。

日本は基本的に遺産取得課税方式であるが，一方で相続財産全額に対して相続税額の総額を算定し，かつ基礎控除は相続人全体で算定するため，ある意味では遺産課税的な要素もある。そしてドイツと異なり，相続の場合には被相続人と財産の取得者の関係は，法定相続人かそれ以外の者かの区別しかない。法定相続人でない者が遺贈等により財産を取得した場合には，相続税が2割加算される。

ただし，配偶者に対する恩典として，配偶者の税額の軽減（相続税法19条の2）があり，これは1億6千万円と配偶者の法定相続分相当額のうちいずれか高い方の課税財産の金額について，実質的に税額控除をするものであるが，原則として相続税の申告期限までに配偶者に分割されていない財産は税額軽減の対象にならず，何よりいったん税額が計算される。また自己居住用財産については評価減（措法69条の4）の規定があり，これは評価減後の価額について税額計算がなされるが，100％の評価減ではないため課税財産とされる部分は残ることになる。

なお，イギリス・ドイツ共に基礎控除を増額することにより，富裕層では

ない者の相続税の負担をなくす方向であるにもかかわらず，日本では平成25年3月29日に可決された「所得税法等の一部を改正する法律案」によると，平成27年より現在の基礎控除について40％の割合で減額されることになっている。このようにみると，日本の中小企業の国際競争力強化に対して，相続税が足かせとなる可能性があると考えざるを得ない。

(2) **非上場株式の評価**

イギリスにおいては，基本的に非上場株式は100％のBPRが適用されるため，いかなる評価額が算定されたとしても，相続や贈与による承継について，税がその妨げとなることはない。さらに取得者が譲渡する際の原価は，贈与や相続が行われた時点の時価によって算定されるから，かえって高額な評価がなされた方がキャピタルゲインの課税上は有利であるとさえ言える。そして非上場株式の評価も，HMRCのマニュアルを見る限り，専門家の意見が尊重されることになっている。

ドイツにおいては，原則は通常価額（gemeine Wert）で評価され，明らかに不適切な結果とならない限り，単純収益価格方式の選択適用ができる。単純収益価格方式は計算が簡便であるが，年次利益を最高では4.5％の資本化計数で除すため，専門家による鑑定価額より高くなることもあり得る。いずれにせよ事前に税務当局と打ち合わせのうえ価額が決定される機会が確保されている。

日本においては，Ⅱにおいて述べたように，実務上，相続及び贈与時に用いられる非上場株式の評価額は，国税庁の「財産評価基本通達」に準拠して計算されている。そこにおいて持株比率が5％未満であるなど，被支配株主が取得した非上場株式については配当還元方式によって評価されるが，それ以外の株主は，実質的に税務上の純資産方式によって算定された価額[96]を限度として評価される。しかしながら税務上の純資産方式は企業会計におけるそれと異なり，会計上は負債であるにもかかわらず，法人税法上損金として認められない引当金繰入の累計額や減損損失の累計額，資産除去債務など

が，税務上は純資産とされてしまうため，専門家による鑑定価額と大幅な乖離が生じることが考えられる。相続税法の財産評価原則では，その相続発生時の価額（相続税法11条の2①）によることとなっているので，理論的には専門家による鑑定で申告することもあり得ると考えるが，筆者のこれまでの実務経験ではそれは皆無であり，さらにイギリスやドイツのように事前に国税当局と協議したうえで課税価格が決定されるような体制は制度化されていないため，今後の大きな検討課題であると考えられる。

(3) 非上場株式に関する恩典の要件

イギリスにおいては，移転財産が非上場株式であり，かつ，移転者がそれを2年以上にわたって所有していただけで基本的にBPRの対象となる。過去からの内部留保が特に厚い会社では，会社資産の中にBPRに該当しないとされる金融資産等が多額にあると課税されるであろうが，通常の会社では個人財産をIHTの課税を逃れるために会社に入れ，その上でBPRを利用しない限り，このようなことはないであろう。そして，これ以外の要件，特に取得者側が具備すべき要件はない。

ドイツにおいて特別控除を受けるためには，基本的に持株割合と管理資産の比率，給与支払要件の3つを満たすことになる。イギリス同様に取得者が誰であるかは問われていない。特別控除を受けるためには，まず，会社に対する資本の関与割合が25％以上である必要があるが，これは他の株主とのプール合意が認められており，ファミリービジネスでは株主間の利害がErbStGについては一致するため，それほど高いハードルではないであろう。次に，85％の特別控除を受けるためには管理資産の割合が50％以下で，かつ，取得してから5年間の保有中に400％の基準給与を支払うことが条件となる。ここで，株式の評価額が1,000,000€ 未満であれば，少額逓減控除も受けられるため，その減額割合は85％を超えることになる。さらに100％の特別控除を受けるためには，管理資産の割合が10％以下で，かつ，7年間で700％の基準給与を支払うことが条件となる。ただし，基準給与の支払いや

保有期間がそれに満たなかったとしても特別控除の全額が取り消されるわけではなく，基準給与が下回った割合や保有期間が不足した割合に従って行われる。

　ドイツの特徴は，株主が経営者であるか否かは問わないのに，当該株式の発行体である会社に管理資産の割合や給与支払基準を要請している点である。ドイツにおいては，共同決定法（MitbestG）や3分の1参加法（DrittlebG）が適用される企業[97]では労働者代表の監査役への登用が義務付けられているため，従業員に対する賃金水準の維持などについての監視機能が十分に働くことが考えられるが，反面，労働者代表の監査役がいない企業[98]では当該効果を期待できないことになる。しかし一方で，ファミリービジネスに関するガバナンス手法がドイツ経済界では周知されているとも考えられ，それはRE13B.6(4) ErbStRにおいて，「…ファミリーメンバー（Familienmitglieder）や，ファミリーツリー（Familienstamm）あるいはファミリー財団（Familienstiftung）などの…」という表現が使われていることからも明らかであり，特に数世代を経たファミリービジネスでは任意機関を設定し，ファミリーメンバー内の意見調整を行うことで，独自のガバナンスを行い，過半数に満たない25％超の資本に関する関与でも十分に会社に対して株主側の意見を要請できる環境が整っていると考えられる[99]。

　これらに対し日本は，被相続人等が現在または過去において会社の代表者であり，当該個人及びその特別の関係がある者の有する議決権の数の合計が100分の50を超える数であり，かつ，その筆頭者であったことが要請されている。そして取得者側には「経営承継相続人等」という概念があり，これは一人に限定され，その者が会社の代表権を有し，当該個人及びその特別の関係がある者の有する議決権の数の合計が100分の50を超える数であり，かつその筆頭者であることが要請されている。なお，現行法では経営承継相続人等は被相続人もしくは贈与者の親族に限定されているが，2015年よりその親族要件はなくなることになった。しかしそれでも，日本の持株要件は厳しく，かつ，特別の利害関係がある者は親族等に限定されているため，他の組

織との合意によって議決権を行使することまでは認められておらず，さらにその中で筆頭者でなければならないとされていることから，日本における事業承継の制度は，所有と経営の分離しない，「非分離型」に執着し，ドイツのような柔軟さを持ち合わせていないことが分かる。

　さらに雇用要件として，経営承継期間中である5年間は従業員数の80％を維持しなければならない（当初は毎年であったが，2015年からは5年間の平均に改められる）が，これもドイツとは異なり人数によっている。

　日本がイギリス・ドイツと大きく異なるのは何よりもそれが「納税猶予」となっていることである。すなわちBPRや特別控除は相続財産等から差し引かれるため，もともと当該株式等に対する相続税及び贈与税は計算されないが，日本の場合にはいったん当該財産に対する相続税等が計算され，それを猶予する形をとっている。

　さらには，経営承継者等あるいは会社が，経営承継期間である5年以内に納税猶予の要件を満たさなくなった場合には，その全額が遡って取り消され，加えて利子税まで支払うという厳しい内容になっている。また，経営承継期間が終了しても，納税猶予であるため，当該株式を売却した場合には，当該部分の相続税に利子税を加えて納付することになる。このように，日本における事業承継税制の適用要件及びその実質的内容は，他の2国とあまりに違い過ぎるといわざるを得ない。

(4)　**生前贈与**

　イギリスではPETに該当する生前の移転はNRBに関係なくIHTが課されない。また，PETにおいて受贈者側の条件はないことから，基本的に非上場株式については贈与時にIHTは課されない。そして生前贈与から7年を経過すれば当該非上場株式については一切のIHTが課されず贈与されたことになる。仮に，生前贈与から7年以内に移転者（贈与者）が死亡しても，その時点でBPRの要件を満たしていれば，100％の減額が受けられる。要件を満たしていない場合にはClawbackの適用があるが，その場合であっ

てもBPRのすべてが取消になるわけではない。基本的に，イギリスの非上場株式に関する生前贈与は全くIHTを考慮しなくてよい。

ドイツ及び日本はそれぞれ特別控除と納税猶予規定に従って生前贈与を行えば，それぞれの恩典が受けられることとなり，相続と生前贈与に基本的な違いはない。

(5) キャピタルゲインの取扱い

イギリスにおいては，資産を譲渡した場合には，原則として移転を受けた側が移転を受けた時点の時価を取得費としている[100]。例えば相続した非上場株式を売却しても，そこにおける時価と相続時の時価に重要な差がなければ，大きなキャピタルゲインは課税されないことになり，同額で売却すれば全く課税されないことになる。また，イギリスにおける非上場株式についてのBPRは基本的に取得後の制限がないため，相続後短期間内に売却しても大きな課税問題は生じない。たとえ，課税所得が生じてもさらにentrepreneurs' reliefの適用が可能であり，£10,000,000までの譲渡益については10％の税率を適用できる。

ドイツにおいては，資産を譲渡した場合には，取得した者がその贈与者もしくは被相続人の取得価額を引き継ぐことになっている。よって，非上場株式を売却した際には，当該時点における時価と相続時の時価に重要な差がなくとも，被相続人等の取得価額が低ければ，多額の課税が生じる可能性がある。ドイツにおいては，株式を1％以上所有していた場合には事業所得となるため，累進税率によって課税されるが，40％の所得控除は認められる。なお，過去5年以内に当該株式について支払ったErbStGは税額から控除される。

日本もドイツと同様に，相続もしくは贈与によって取得した財産は，前所有者の取得価額を引き継ぐため（所得税法第60条①），ドイツと同じような結果となる。また，取得に際して支払った相続税は過去3年分に限り，売却した資産の取得費用に加算される（措法第39条）。ただし，日本のキャピタ

図表Ⅲ-8　三国間の比較

三カ国の非上場株式に対する事業承継税制			
国	日　本	イギリス	ドイツ
対　象	・中小企業者の発行する非上場株式。	・非上場株式。	・株式等。
取得者（相続人等）に要求される持株比率	・取得者の親族等を合わせて50％超であり，かつ，その筆頭者であること。	・持株比率は問われない。	・会社資本に対して25％超の関与。ただし，他の株主グループと協定を結び，25％超のグループの構成員であれば構わない。
取得者の要件	・会社の代表者 （被相続人もしくは贈与者の親族外も可）	・規定なし（誰でもよい）。	・規定なし（誰でもよい）。
税の減額方法	・相続税は計算されるが，議決権の3分の2に達する部分まで80％の納税猶予。	・100％が相続税の計算対象とならない。	・（原則） 85％が相続税の計算対象とならない。 ・（特例） 100％が相続税の計算対象とならない。
非事業用資産の取扱い	・資産保有会社（特定資産の割合が70％以上）となると制限があるが，事業所や5名以上の常時使用親族外従業員がいれば問題はない。	・事業資産に該当しない部分の金額は特例の対象とはならない。	・総資産中管理資産の割合が次の基準を超えないこと。 （原則）50％ （特例）10％
事業継続要件	・取得後5年間は平均で雇用人数の8割を維持。 ・代表権を維持。 ・持株比率を維持。	・規定なし。	・（原則） 取得後5年間で賃金の400％を維持。 ・（特例） 取得後7年間で賃金の700％を維持。 ・グループ合意を維持。
事業継続要件期間中の取消	・5年間の継続要件を満たせなかった場合には，継続期間に係らず納税猶予の全額が取り消される。	・規定なし。	・5年間の継続要件を満たせなかった場合には，満たされなかった賃金の支払い割合に基づいて追加の相続税が課せられる。
生前贈与	・相続の場合と同じ要件であるが，議決権の3分の2までは贈与税が全額納税猶予となり，贈与者の死亡時に相続税の納税猶予に切り替わる。	・生前7年前の贈与は原則的に全額非課税される。 ・死亡以前7年間の贈与は相続税の対象となるが，非上場株式の非課税規定は適用される。	・相続の場合と同じ。事業継続要件を満たした後は相続税課税の問題は生じない。
事業継続要件期間終了後の売却等	・猶予されていた相続税額のうち，売却に対応する部分について納付する。ただし，その間の利子税が計算される。	・相続税は課されない（さらにキャピタルゲインについて生涯100万£まで税率10％とするアントレプラナーリリーフあり）。	・相続税は課されない。
キャピタルゲイン課税における取得費の取扱い	・譲渡時に収入から差し引かれる取得費は被相続人等の取得価額を引き継ぐ。	・譲渡時に収入から差し引かれる取得費は原則として相続・贈与発生時の時価となる。	・譲渡時に収入から差し引かれる取得費は被相続人等の取得価額を引き継ぐ。
最終的な相続税の免除時点	・相続した本人が事業承継要件期間終了後に死亡した場合，または，納税猶予及び免除特例を利用して次の後継者に贈与した場合。	・贈与者の死亡時もしくは相続発生時。	・事業継続要件期間終了時。

ルゲインは地方税も合わせて20％の税率（措法第37条の10，他）にとどまる。キャピタルゲイン課税について日本はドイツより恵まれているといえるが，イギリスのそれとはかなりの差がある。

ここで，日本とドイツについては贈与者もしくは被相続人の取得価額を引き継ぐことについては，大いなる疑問を持っている。つまり，キャピタルゲイン課税において，相続税・贈与税の計算基礎となった評価額と，譲渡所得を構成する売却益部分が重複することがあり，結果として同一の課税要素に対し，両者の税が課税されてしまうため，「二重課税」になっていると考えられ，その是非については今後の研究課題としたい。以上に述べた3カ国の制度の比較を一覧にすると図表Ⅲ-8のとおりである。

註

1) 民主党の政策集『INDEX2009』21頁にあるように，遺産取得課税方式から遺産課税方式への変更も検討されたことから，両方の例を研究することとした。
2) The succession planning Law that we all have our eyes on at this time is the estate tax law, and it is a moving target. As of January 1, 2010, there is no estate tax for any family in America.（Holmgren, 2010, p. 14）.
3) http://www.mof.go.jp/tax_policy/publication/mail_magazine/merumaga191114.htm
4) http://www.jil.go.jp/foreign/jihou/2012_8/france_01.htm
5) 吉村（2011）234, 247頁；山田（2010）70頁；奥谷（2011）156頁。
6) OECD（2011）p. 231.
7) Wallington（2012）pp. 151-163, A4-1.
8) http://www.hmrc.gov.uk/inheritancetax/intro/basics.htm
9) Wallington（2012, pp. 154-155）によれば，当初は死亡の12カ月以前に贈与した財産がEstate dutyの対象になっていたが，1910年には3年以内に，1968年には7年以内に改められた。
10) Lee（2010），pp. 735-736.
11) "Not everyone pays Inheritance Tax. It's only due if your estate-including any assets held in trust and gifts made within seven years of death-is valued over the current Inheritance Tax threshold (£325,000 in 2012-13)". http://www.hmrc.gov.uk/inheritancetax/intro/basics.htm
12) 高野（2004）109頁。

13) 2009年4月5日以降の扱いであり，2008年では£312,000，2007年は£300,000であった。このように，日本とは逆にイギリスでは基礎控除を年々拡大している。
14) "The tax is payable at 40 per cent on the amount over this threshold or 36 per cent if the estate qualifies for a reduced rate as a result of a charitable donation." http://www.hmrc.gov.uk/inheritancetax/intro/basics.htm
15) イギリスにおいては被相続人が配偶者と子に遺言で何らの保護を与えていない場合に限って，その家族の申出に基づいて遺産から一定額の年金を給する方策を採用している（埼玉弁護士会，2005，9頁）。
16) "Since October 2007, married couples and registered civil partners can effectively increase the threshold on their estate when the second partner dies - to as much as £650,000 in 2012–13. Their executors or personal representatives must transfer the first spouse or civil partner's unused Inheritance Tax threshold or 'nil rate band' to the second spouse or civil partner when they die." http://www.hmrc.gov.uk/inheritancetax/intro/basics.htm
17) この他にはQuick Succession Relief（IHTA 1984 s141），Woodlands（IHTA 1984 s125），Gift to political parties（IHA 1894 s24），Death on active service（IHTA 1984 s154）などがある。
18) 年間贈与の額が£3,000に満たなければ，その残額は翌年に繰り越すことができる。すると，最初の贈与の年は2年分すなわち£6,000まで控除できることになる。これは当初のIHTが課税されないPETが，移転者が7年以内に死亡した場合にIHTの課税となる場合にも適用される（Gunn, 2012, p. 586）。
19) Estate Taxの時代ではあるが，1969年7月17日の下院議会において，無党派議員であったDick Taverneは，「もし財産をdiscretionの信託に移管して，7年以上経過して死亡したとしても，その間は信託財産からの利益を移管者が受けることができる。これに対して，財産を他の資産に移転した場合には，その間の利益を移管者が享受することはできない。」とし，財産を移管しても移管者に利益が生ずるような場合には，生前贈与として課税の対象からはずすべきではないと非難していた。このような背景をもって，discretionary trustは制限を受け，現在のIHTにおいても，PETに該当させていない。*HC Deb 17 July 1969 vol 787 cc963-88.*
20) Any lifetime transfer that does not qualify as a PET will be immediately chargeable to IHT under IHTA84/S3 (1). Two transfers that do not qualify are a
    ・transfer into a discretionary trust, because the gift is not to an individual or one of the specified trusts, and
    ・transfer to a company. (IHTM 04067).
21) *HC Deb 17 July 1986 vol 101 cc1301-81301.*
22) Del Giudice et al.（2011, p. 5）ではさまざまな定義が紹介されている。
23) FINAL REPORT OF THE EXPERT GROUP OVERVIEW OF FAMILY-BUSINESS-RELEVANT ISSUES: RESEARCH, NETWORKS, POLICY

MEASURES AND EXISTING STUDIES, EUROPEAN COMMISSION ENTERPRISE AND INDUSTRY DIRECTORATE-GENERAL Promotion of SMEs' competitiveness, November 2009.
24) IHTA 1984 s131 (1) (2), IHTM 14621.
25) years between transfer and death
  (a) more than three but not more than four years 80 per cent.
  (b) more than four but not more than five years 60 per cent.
  (c) more than five but not more than six years 40 per cent.
  (d) more than six but not more than seven years 20 per cent.
26) Gunn（2012, p. 586）の設例を参考にした。
27) IHTM1 4593.
28) IHTM1 4012.
29) 臨時的な，あるいは強制された市場ではなく，売買当事者間の合意で形成される価格である（IHTM 09704）。
30) IHTM 09241, ただし当初から HMRC と打ち合わせをすることも奨励されている。
31) http://www.hmrc.gov.uk/rates/cgt.htm
32) Lee（2010）p. 847.
33) Boadway et al.（2008）p. 18.
34) http://www.hmrc.gov.uk/manuals/svmanualnew/SV111030.htm
35) Harris（2011）p. 5.
36) Gunn（2012）p. 122.
37) Wallington（2012）G1-5.
38) IHTA 1984 s269 (1) において，'a person has control of a company at any time if he then has the control of powers voting on all questions affecting the company as a whole which if exercised would yield a majority of the votes capable of being exercised on them' と control を定義しており，これは50％超の議決権を有している場合と考えられている（Lee, 2010, p. 856；Harris, 2011, p. 129）。
39) USM, AIM, EU junior markets, NASDAQ Europe で取引されている銘柄も非上場扱いとなる（IHTM 25192）。
40) Lee（2010）p. 850.
41) Gunn（2012）p. 123.
42) 'wholly or mainly' について法的な指針はないが，HMRC の見解では，移転前の期間において事業・資産・収益・利益等について圧倒的な影響（50％以上，Gunn, 2012, p. 124）を与えていることを考慮すべきであるとしている（Wallington, 2012, G1-18）。
43) マーケットメーカーとは，証券取引所の委員会の認可を受け，規則に従い証券や株式を自らの価格で売買する者である（IHTA s105 (7)）。
44) 必要とされる（required）とは，「絶対に必要なものであり，与えられたプロジェク

トのために使用されるか，ビジネスのために使用されるものが明白であるもの」を意味し，3年とか7年周期で必要とされる可能性があるものを示すのではないとして，非上場会社が有していた過剰現金についてBPRの対象ではないとした判例がある（Barclays Bank Trust Co Ltd v IRC〔1998〕STC SCD 125Sp C22）。

45) Lee（2010）p. 858；Harris（2011）p. 230.
46) Gunn（2012）G1-30, 31.
47) 2006 Act 以前は，special resolutions は extraordinary resolutions のひとつとされていたが，現在このふたつになっている（Davis et al., 2012, p. 462.）。
48) http://hansard.millbanksystems.com/commons/1990/jul/16/business-property-relief-100-per-cent#S6CV0176P0_19900716_HOC_444
49) http://hansard.millbanksystems.com/commons/1991/apr/30/finance-bill#S6CV0190P0_19910430_HOC_335
50) http://hansard.millbanksystems.com/commons/1992/mar/10/inheritance-tax#S6CV0205P0_19920310_HOC_234
51) Barclays Bank Trust Co Ltd v IRC〔1998〕STC SCD 125Sp C22.
52) http://www.hmrc.gov.uk/shareschemes/shares-valuation.htm#6.1
53) http://www.hmrc.gov.uk/cgt/businesses/reliefs.htm#4
54) HMRC Helpsheet 275
55) OECD（2011）p. 171.
56) Viskorf et al.（2012）p. 32；吉村（2011）227頁。
57) 吉村（2011）236頁。
58) Gesetz zur Reform des Erbschaftsteuer-und Bewertungsrechts (ErbStRG) unterzeichnet. Die Verkündung im BGBl erfolgte am 31. 12. 2008 (BGBl 2008 I S. 3018).
59) Viskorf et al.（2012）p. 36.
60) Entwurfstand: 20.11.2007, VORBLATT Gesetzentwurf der Bundesregierung Entwurf eines Gesetzes zur Reform des Erbschaftsteuer-und Bewertungsrechts (ErbStRG).
61) Tragendes Element der Erbanfallsteuer ist das Bereicherungsprinzip. Dabei kommt es auf die Bereicherung des einzelnen Erwerbers an. (Viskorf et al., 2012, p. 30).
62) 相続税が課税されない扶養給付を受給する場合には，§14 BewGによって計算された現在価値が特別控除額から減額される。
63) 子供の年齢が低い場合には以下の特別控除があるが，上記と同様に扶養給付を受給する場合には減額される（単位€）。
5歳以下52,000，5歳超～10歳以下41,000，10歳超～15歳以下30,700，15歳超～20歳以下20,500，20歳超～27歳の誕生日を迎えるまで10,300。
64) Viskorf et al.（2012）p. 865 を参考とした。
65) 天野（2008）390頁。

66) これは，§7 (1) ErbStG の表記であるが，これ以外にも (2) から (10) までが列挙されている。
67) Viskorf et al.（2012）p. 730.
68) Baumann et al.（2011）p. 687.
69) Halaczinsky（2010）p. 41.
70) BVerfG-Beschluß vom 22.6.1995 (2 BvR 552/91) BStBl. 1995 II S. 671.
71) BVerfG-Beschluss vom 7.11.2006 (1 BvL 10/02) BStBl. 2007 II S. 192；吉村（2011）241頁。
72) BewG, Erster Teil, Allgemeine Bewertungsvorschriften.
73) ただし，個々の資産の性質において一般的な評価規則がそぐわない場合を想定して，この項の他に，(2) 株式会社株式，(3) 不動産，(4) 天然資源，(5) 国内事業用資産，(6) 共有資産，(7) 海外資産のそれぞれについて，BewG の他の規定も参照することとしている。
74) Viskorf et al.（2012）p. 467.
75) EStG§32a によると，2013年における EstG の計算は以下のようになっている。
　1. 8130 Euro まで（免税）：0；
　2. 8131 Euro から13469 Euro まで：$(933,70 \cdot y + 1400) \cdot y$；
　3. 13470 Euro から52881まで：$(228,74 \cdot z + 2397) \cdot z + 1014$；
　4. 52882 Euro から250730 Euro まで：$0,42 \cdot x - 8196$；
　5. 250731 Euro 以上：$0,45 \cdot x - 15\ 718$.
　　$x=$ 課税所得，$y=$（課税所得-8130）／10000，$z=$（課税所得-13469）／10000
76) BVerfG-Beschluß vom 22.6.1995 (2 BvR 552/91) BStBl. 1995 II S. 671 Gründe: C. I. 2. b)：bb)
77) この訳については，谷口（1996）173頁を参考にした。
78) BVerfG-Beschluss vom 7.11.2006 (1 BvL 10/02) BStBl. 2007 II S. 192, 1.
79) 吉村（2011）242頁。
80) Deutscher Bundestag Drucksache 16/7918, 16. Wahlperiode 28. 01. 2008.
81) 天野（2008）360頁。
82) Gleitender Abzugsbetrag の訳として，吉村（2011，254頁）では「消失控除」，山田（2010，106頁）では「残額からの控除額」としている。
83) 管理資産の概要は，公益財団法人全国法人会連合（2012，21頁）も参考とした。また天野（2008，363-364頁）も同じ内容になっている。
84) Viskorf et al.（2012）p. 632.
85) この計算例は以下のようになり，1,000,000€ 以下では残額全額が控除されるが，1,000,000€ を超えると逓減し，3,000,000€ 以上では控除額は 0 となる。

事業用資産の額（€）	800,000	1,000,000	2,000,000	3,000,000
特別控除（85％）	680,000	850,000	1,700,000	2,550,000
①特別控除後の残額（15％）	120,000	150,000	300,000	450,000
② ①－150,000€	※0	0	150,000	300,000
③ ②×50％	※0	0	75,000	150,000
追加で控除を受けられる金額（€）①または，「150,000€－③」の少ない方	120,000	150,000	75,000	0

※マイナスとなるため計算されない。

これは，連邦当局の統計上，事業用資産の承継額が300,000€から2,500,000€の範囲にあることが多いため，優遇措置を与えたものとされている（Viskorf et al., 2012, p. 572）。

86) 高橋（2012）226頁。

87) Viskorf et al.（2012）p. 667.

88) http://www.sis-verlag.de/archiv/6118-erbst-beguenstigte-anteile-an-kapitalgesellschaften-stimmrechtslose-vorzugsaktien-poolregelung

89) Viskorf et al.（2012）によれば，単純収益価格方式以外では，DCF法（Discounted Cash Flow-Verfahren），利益価値法（Ertragswertverfahren），他の会社との比準法（Comparative Company Approach）があげられている（pp. 1064–1074）。

90) RB 199.1 ErbStR (5) では明らかに不適切な結果となる例として，1）評価日後に売却する予定がある場合，2）前1年以内に有効な売買事例がある場合，3）遺産分割による分配が通常価額によっている場合をあげている。さらに同 (6) では，合理的に疑わしい場合として (1) 関係会社と複雑な取引関係がある場合，(2) 新設会社（とりわけ設立から1年以内の会社）で開業時の投資や費用が高く，年間利益を推定できる過去の利益がない場合，(3) 業種転換して過去の利益に計算が依存できない場合，(4) 成長企業の場合，一般的あるいは業界における危機がある場合，将来の経済環境により予測可能な変化がある場合など過去の利益に計算が依存できない場合，(5) 国際間取引により利益の算定が国によって異なる場合，をあげている。

91) 加算項目としては法人税，2年以内に取得した事業資産や事業外資産に関する費用が，減算項目としては役員報酬，2年以内に取得した事業資産や事業外資産に関する収益，配当金などがある（202 (1) BewG）。

92) 基礎金利は長期国債の利回りをベースとし，ドイツ連邦銀行が直近の金利動向をもとに各年初に設定し，連邦財務省が公表する金利に下方修正されて確定する（§203 (2)）。2013年では2.04％となっている。http://www.zinsenvergleich.com/basiszinssatz-fuer-risikolose-anleihen/

93) 本例はHorschitz et al.（2010, p. 266）のBeispielを参照して作成したが，一部の調整項目，年度，金利は修正している。

94) 29. April 2013.515/613 Institut der Wirtschaftsprüer in Deutschland e.V.

95) World Development Indicators database, World Bank, 1 July 2013, Gross domes-

tic product 2012, p. 1.
96) 財産評価基本通達上，原則として大会社は類似業種比準方式，中会社及び小会社は類似業種批准方式と純資産方式の併用となっているが，純資産方式によった金額との選択適用を認めており，純資産方式の金額が最も低ければこれを採用して申告することが可能である。
97) この他には炭鉱鉄鋼共同決定法（Montan-MitbestG），炭鉱鉄鋼共同決定補充法（MitbestErG）がある。
98) 共同決定法労働者の数が500人より少ない場合やその企業活動が公正性等を有する場合当該企業の活動の大部分が政治的，政党政治的，事前的，学問的，芸術的規定に直接に奉仕するものである場合，あるいは，ボン基本法5条①2分の報告作成もしくは思想の表明に直接に奉仕する場合には共同決定制度の適用から除外される（高橋，2012，168-169頁）。
99) Leach（2011）pp. 121-145；Kenyon-Rouvinez et al.（2005）pp. 45-57.
100) ただし，生前贈与によって取得し，移転者がCGTについて課税の繰延を受けた場合には，移転者の取得価額が考慮される。

IV

日本法における問題点と
その対応

Ⅱにおいて述べた円滑化法における遺留分に関する民法特例に関する部分，及び措法に定める納税猶予及び免除特例について，Ⅲにおけるイギリス・ドイツとの比較の結果をふまえながら，問題と考える事項とその対応について述べていく。

1　円滑化法に定める遺留分に関する民法特例の問題点とその対応

円滑化法に定める遺留分の民法特例については，そこにおいて定められている後継者の概念と，納税猶予及び免除特例に定められている経営承継受贈者もしくは経営承継相続人等との相違を中心として問題点が指摘できる。

(1)　円滑化法における後継者の範囲

円滑化法における「後継者」とは，「旧代表者の推定相続人のうち，当該旧代表者から当該特例中小企業者の株式等の贈与を受けた者又は当該贈与を受けた者から当該株式等を相続，遺贈若しくは贈与により取得した者」である。すなわち後継者は推定相続人に限られており，さらに民法特例は遺留分に関するものであるから，その算定に関わる合意の当事者の範囲を画する概念といえ，遺留分を有さない兄弟姉妹やその代襲者は，当該合意の当事者としての適格性を欠くため，これらの者は除かれている[1]。

(2)　納税猶予及び免除特例における経営承継受贈者・経営承継相続人等の範囲

経営承継受贈者は，平成25年の税制改正以降は贈与者との関係は問われていない。また，経営承継相続人等も同様である。すなわち納税猶予及び免除特例における「経営承継受贈者」及び「経営承継相続人等」の範囲は推定相続人やそれ以外の親族（6親等以内の血族及び3親等以内の姻族）にもとらわれていないため，民法特例における後継者の範囲である「推定相続人」よりはるかに広い概念となっている。

(3) 民法における遺留分の算定

民法1030条では、「贈与は、相続開始前の１年間にしたものに限り、前条の規定により、その価額を算入する。」とあり、贈与契約とその効力発生が１年以内である場合には、遺留分の対象となる。さらに、同条後段では、「当事者双方が遺留分権利者に損害を加えることを知って贈与したときは、１年前の日より前にしたものについても、同様とする。」としている。ここで「損害を与えることを知って」とは、損害を与えることの認識、つまり、客観的に遺留分権利者に損害を加えるべき事実関係を知っていれば足り、遺留分権利者を害する目的、ないし意思を必要としないと考えられている。また、「損害を加えるべき事実関係を知っている」とは、贈与が遺留分を超え、遺留分を侵害する事実関係を知っているほか、将来において被相続人の財産が増加することは無いとの予見が必要とされている（埼玉弁護士会、2005）。すると、円滑化法に定める遺留分の特例を適用して除外合意を得ない場合には、１年以内に行われた贈与だけではなく、それ以前に行われたものであっても、遺留分の減殺請求（民法1031条）の対象となるおそれがある。

(4) 問題点とその対応

民法に定める遺留分制度は、相続人が遺留分を主張し、減殺請求を行うものであるから、固定合意や追加合意の内容について当事者となるのは推定相続人に限られることになり、円滑化法に定める後継者の規定は当然ともいえる。しかし、一方で納税猶予及び免除特例は推定相続人ではない者にまで適用が可能である。

すると、推定相続人以外の者が承継会社の株式を贈与又は遺贈により取得しても、やはり遺留分の減殺請求の問題は解消されないことになる。つまり制度間の調整がとれておらず、不十分な内容ではないかと考えられる。公正証書による遺言等により、遺贈によって、推定相続人以外の者が株式を取得した場合には、当然に相続税の対象となる。また、生前贈与によって株式を

取得した場合でも、贈与税の納税猶予及び免除特例を受けている場合には措法70条の7の3により、「遺贈によって取得したもの」とみなされることから、相続税の申告にあたり、その内容が相続人間に周知されるため、かえって、遺留分の減殺請求を受ける可能性が高められてしまう。よって、推定相続人以外の者を経営承継受贈者とし、贈与税の納税猶予及び免除特例を利用しようとしても、減殺請求の危険性から二の足を踏むという事態が生じる可能性がある。

これについては、民法に定める遺留分の規定が推定相続人に限られるため、如何に納税猶予及び免除特例の範囲を広げようとも、その問題点は解消されない。すなわち、民法特例はあくまで推定相続人間の争いに対して有効なものであり、それ以外の者については効果が生じないものとして、認識しておくしかないのであろう。

2　納税猶予及び免除特例に関する問題点とその対応

まず、納税猶予及び免除特例の問題点をより明確にするために、承継を控えている会社について実地調査を行った。ただし、これはあくまで「例」としてあげるものであり、統計的手法に基づくものではなく、問題点を具体的に説明するために有用であることから、その結果をここに引用している。

以下、納税猶予及び免除特例に関する問題点を、調査結果をも用いてあげ、その対応について述べていく。

(1)　実地調査について
① 実地調査の目的と調査先の選定

この実地調査は、日本法の問題点をより明らかに説明するために行ったものであり、そこでは、現経営者の承継に関する考え方、株主の状況、想定される後継者の状況等に、措法に定める納税猶予及び免除特例が十分に応えているかどうかという点について事例を収取した。また、仮にそれがイギリス

やドイツにおいて存在する会社ならばどのような扱いとなるかも検討した。承継を控えている会社について実地調査を行ったのは，日本においても既に納税猶予及び免除特例が施行されていることから，過去において承継に失敗したケースではなく，今後の承継において現行特例がどのように影響するかを考慮するためである。

　調査先については，筆者の顧問先や関係者からの紹介先に頼らざるを得なかったが，その選定にあたっては，まず，

　「現経営者が60歳以上であるか，現在50歳代で過去に承継を経験したこと。」

を要件とした。これは平成25年税制改正前の制度において，納税猶予及び免除特例を適用する要件として，先代経営者が60歳以上の場合には，公正証書遺言等によって事業承継計画が明らかにされているか，もしくは，経済産業大臣に，経営の承継計画について事前確認をとることが規定されていたからである。つまり立法者は，60歳以上の経営者については既に事業承継について計画を有していると想定していたので，これに該当する者から意見を求めることとした。一方，これ未満の者でも，50歳代の現経営者で実際に承継した経験がある場合には，承継時にどのようなことが問題となったかを聴取できるだけではなく，年齢的にも承継計画について関心を持ち始める時期であると考えられるため，これらの者からも意見を求めることとした。

　次に，すべての非上場株式について納税猶予及び免除特例を認めることについては，単に事業を売却して納税すれば良いのでは，という批判も考えられたため，社会的にその非上場会社が存続することに特に意味がある会社として，以下の3つの要件を考えた。

> 1) 非上場会社でなければできない事業もしくはサービスを提供しているという会社
>   このような会社が属する業種は上場会社の参入があまりなく，仮に買収等によって取得された場合には，それまで有していた当該会社の特色が損なわれる可能性がある。つまり，このような会社は経済全体の中で存在意義が見

> 出される会社であり，事業承継によって大きな影響を受けることを，なるべく排除することが重要であると考えるからである。
> 2）文化の伝承や学術的貢献という観点で，その企業の規模にかかわらず社会的な存在意義が大きいと考えられる会社
> 　このような会社は社会的に重要であるにもかかわらず，非営利法人とは成れないために，特に承継時には特別の配慮をする必要があると考えた。このような業種の典型的な例として，専門書籍の出版社及び伝統的な食品の製造販売会社を選定した。
> 3）地方に本店があること
> 　非上場会社は地方経済に貢献すると考えられるため，東京23区や政令指定都市以外に本店を有する企業も視野に入れることとした。今回は，北関東及び北陸地方の会社を対象とした。

　さらに，創業者（起業家）と，実際に複数世代にわたって承継している会社では，経験・考え方・当該会社の文化も異なることが考えられたので，以下のふたつの要件を考えた。

> 4）起業した会社
> 　事業承継税制は代々受け継がれてきた会社だけではなく，当然に初代から次の世代への承継についても考慮されるものである。そこで，現在の経営者が起業した会社についてもその特徴を検討する必要があり，また，経済の発展のために政策的に起業を促進するのであれば，当事者がどのような考え方を有しているかを参考とする必要があると考えた。
> 5）　複数世代にわたって承継している会社
> 　日本においても，社歴の長い会社は存在し，その存続の背景には独特の企業もしくは家系の文化があると考えられ，それが承継に対してどのように影響しているかを研究し，かつ，現時点でそれらの経営者がどのような考えを持っているかを参考とする必要があると考えた。

　4）の起業した会社については，必ずしも1）～3）のような要件を具備しているとは限らないが，一方で起業を促すことは日本経済の活性化にとっても重要であり，起業家に関わる相続税等について優遇されるような制度を

持つことができれば,その促進に貢献すると考えた。

② 実地調査対象先とインタビューの方法

実地調査対象会社は,比較可能性を確保するために,それぞれの要件に該当する会社が複数となるように配慮した。対象とした会社が各要件にどのように該当したかを示したのが,図表Ⅳ-1である。なお,これらの会社のうち,筆者が継続的に関与しているのはT社とO社だけであり,それ以外の会社はこの研究にあたり,特別に取材を依頼した。

図表Ⅳ-1　実地調査の対象会社と選定要件の関係

会社名	年代	要件				
		1)	2)	3)	4)	5)
E社	50	○	○	非該当	非該当	○
T社	60	○	○	非該当	非該当	○
O社	50	○	非該当	○	非該当	○
M社	50	非該当	非該当	非該当	○	非該当
C社	60	非該当	非該当	○	○	非該当
N社	60	○	○	○	非該当	○

実地調査の方法としては,先方に赴き,代表者に対してインタビューを行った。なお,参考として,Ⅲにおいて示した日本の制度とドイツ・イギリスとのそれについて比較表を提示・説明し,意見を聴取した。各社に共通してインタビューした事項は図表Ⅳ-2のとおりであるが,非上場会社であるため,財務諸表の公表義務はなく,また,個人的な考えや情報も含まれることから,会社名は匿名とし,所在地情報についても地方単位とした。また,一部の会社では要望により,財務情報については非公開となった。

図表Ⅳ-2　インタビュー事項

所在地	現本店所在地,地方名のみ。
設立年月日	会社の設立日を基本とするが,個人経営から法人成りしている場合には,創業年もインタビューした。

資本金	インタビュー日における資本金の額である。
売上高	インタビュー日における最終事業年度末の損益計算書の数値である。企業規模を判断する際の参考とした。
純資産額	インタビュー日における最終事業年度末の貸借対照表における純資産額である。日本における非上場株式の評価額は，類似業種比準価額方式と1株当たりの純資産価額を用いて算定されるが，前者は株式市場の動向に左右され，かつ，その算定には法人税の申告書等の資料も必要となり，後者についてはより詳細な資料が必要となるため，インタビュー時においてそれらを閲覧し，計算することは，両者とも不可能であった。よって，今回は基本的に帳簿価額による純資産額を基準として，株価総額を考えた。
土地の帳簿価額	インタビュー日における最終事業年度末の貸借対照表に計上されている土地の帳簿価額である。純資産価格方式による株価の算定においては，路線価等の時価を反映した価額に置き換えられるため，純資産額を補足する数値と考えた。ただし，取得年から推測することによる含み益の有無についてのみ考慮している。
現経営者の年齢	インタビュー時における経営者の満年齢である。
従業者数	役員及び従業員の総数である。雇用の確保という点からは重要なデータと考えられる。
株主構成	代表取締役を中心とした株主構成を記載したが，非同族関係者で，それぞれの持株割合が5％に満たない株主，及び機関投資家等の株式等，考察に重要な影響はない株主はまとめて記載した。

③ 実地調査の結果

1） E社（出版業）

所在地	東京都	会社設立年	1940年代
資本金	10百万円	売上高	183百万円
純資産額	462百万円	土地の帳簿価額	194百万円
従業者数	10名	現経営者の年齢	53歳
株主構成	会長（先代経営者）　　　　　　　13.50％ 会長配偶者　　　　　　　　　　　6.75％ 代表取締役社長　　　　　　　　　31.75％ 代表取締役専務（社長弟）　　　　33.25％ 社長配偶者　　　　　　　　　　　5.50％ 社長長女　　　　　　　　　　　　0.25％ 社長従兄弟　　　　　　　　　　　4.50％ 社長従姉妹　　　　　　　　　　　4.50％		

中小企業者への該当	する
現経営者の先代経営者としての要件	充足する（ただし現専務が充足し，現社長は充足しない）
会社の沿革	1940年代に設立し，さまざまなジャンルの出版を行ってきたが，先代から社会科学系の専門書出版に主力を注ぎ，大学研究所論文，叢書の制作も行う。
過去の承継	祖父は創業後1970年前半に急死し，当時専務であった現社長の父である先代社長が経営を引き継いだ。当時は会社の状況が悪く，相続税の問題は生じなかったとされる。ただし，株式は祖母，先代社長，叔母に相続されたため，結果的に株式が分散された。叔母方の株式はその後も現社長の従妹に引き継がれている。
後継者に対する考え方	現専務（現社長弟）に御子息2名がいるため，彼らのいずれかに承継できればと考えている。一方で，中小企業でも本来は経営者としての能力がある者が代表権を有するべきであるから，親族に限らず有能な人材を登用したいという考えも持っている。
株式に対する考え方	過去から10年以上にわたり，毎年先代経営者から親族が計画的に贈与を受けている。株式は一族の財産であるため，親族外が自分に代わる経営者となった場合でも，当該者に譲ることは考えていない。
納税猶予及び免除特例の理解	存在については知っているが，現時点ではそれを意識した事業承継対策は行っていない。
日本の制度への感想	他国で認められている分離型が日本で認められていないのは論理的におかしいと考えている。また，納税猶予及び免除特例の適用が1名に限られるのは，一族において紛争の原因となる可能性がある。

　この会社は，専門書の出版社であるが，学会の事務局や学会報も出版しており，近年では貴重な存在になりつつある。事業承継の事前対策として，贈与税の暦年基礎控除枠や低税率を有効に使うためか，現社長及び現専務だけではなく，現社長の配偶者や長女に対しても贈与を行っており，株式は分散傾向にある。現社長及び現専務の贈与税に対する支払原資は会社からの給与所得であり，そのために通常の役員報酬よりも多く報酬を取らざるを得ない。このことが会社内における情報を不透明化させる一因となっている。また，両者とも通常の生活用財産を購入する以前に株式の追加取得の資金が必要となるため，役員報酬に見合うような生活はできていない。

　株式の所有について見ると，現社長一族が議決権のすべてを有している

が，現社長はその筆頭者ではないため，今後，納税猶予及び免除特例の対象となる先代経営者は，現社長が持株を増やして筆頭者となるか，そのまま現専務とするか，となる。また，現社長兄弟によって株式がほぼ同数所有されているため，いずれかの子が経営承継者となった場合に，そうではない側の子には納税猶予及び免除特例が認められないことになり，親族間において不公平感をもたらす可能性がある。なお，会社が所有する土地は都内及び首都圏にあるため，相続税評価額が帳簿上の純資産価額を上回っており，現社長もしくは現専務のいずれかの相続発生時には，相当な相続税負担が生じることが予想される。

2） T社（出版業）

所在地	東京都	会社設立年	1949年
資本金	40百万円	売上高	681百万円
純資産額	331百万円	土地の帳簿価額	268百万円
従業者数	35名	現経営者の年齢	64歳
株主構成	代表取締役社長　　　　　33.1% 従業員持株会　　　　　　17.9% 専務取締役　　　　　　　9.5% 常務取締役　　　　　　　9.5% 退任取締役　　　　　　　8.7% 先代経営者　　　　　　　4.9% その他従業員（4名）　　16.4%		
中小企業者への該当	する		
現経営者の先代経営者としての要件	満たさない		
会社の沿革	創業は1946年で，1949年に法人化された。創業以来釣り関係専門出版社として多くの月刊誌及び単行本を発行し，最も古い月刊誌については800号を超えている。現在の取扱いは書籍の他，DVD，電子出版，オリジナルグッズ，Webコンテンツ制作・運営をしている。		
過去の承継	1949年に創業者が法人化した際には，著名人を含め多くの釣り愛好家が株主であった。1972年に創業者が没した後，先代経営者が外部の株主より株を買い集めた。現社長は専務に就任した際に第三者割当を引き受け，加えて先代経営者が引退する際にも株式を譲り受けることにより現在の持株数となった。その後も外部株主に対し従業		

	者に株式を譲渡してもらい，現在の株主構成となっている。過去には株式公開も検討されたが，投資家の意向が反映されすぎると，業績の向上のみが会社の使命となり，ある意味で言論の自由を侵害する危険性があったことから却下した。
後継者に対する考え方	現在の役員から代表者を指名したい。
株式に対する考え方	後継役員に株式を譲りたい。
納税猶予及び免除特例の理解	制度が存在することについて，あまり知らなかった。
日本の制度への感想	同族経営重視の制度であり，全く使い勝手の悪い制度である。同族以外の中小企業の現状をもっとくみ取らなければ，経済の健全な発展を害すると考える。ましてや，同じ先進国であるイギリス・ドイツと差がありすぎることには憤りさえ感じる。

　この会社は，釣り関係に特化した出版社であり，日本で刊行されている歴史の長い雑誌のうちのひとつを出版している。釣りもひとつの文化と考えるとこのような会社について承継上の配慮をすることは重要である。この会社は創業当時から同族経営ではなく，3代にわたって代表者本人だけが株式を所有しており，その親族は所有していない。そして，初代から先代まではさほど業績が高くなく，不動産も所有しておらず，さらには親族間の承継ではなかったこともあり，株式の譲渡金額についてあまり考慮せず，旧額面価額で譲渡を行っていた。現社長も第三者割当の際には旧額面価額によって株式を引き受けており，その後業績が向上したにもかかわらず先代社長から同様に株式の譲渡を受けたため，旧額面価額と相続税評価額の差額について贈与税の課税を受けたことがある。なお，現社長に子はいない。

　株主構成をみると，どの者をとっても議決権の過半数を超える株式数を有していないため，納税猶予及び免除特例を受けることができない。さらに現時点では会社所有土地に含み益が発生しており，時価純資産価額が帳簿価額を超える可能性が高いため，現社長の意向に従って次期経営者に株式を譲渡する際には，相当の資金負担が考えられる。仮に帳簿純資産額としても現社長が有する株式の評価額は1億円を超え，通常の会社役職員にとってその購

入資金，もしくは贈与・遺贈を受けたとした場合の贈与税・相続税額を，給与収入その他から捻出することは，今のところ困難である。本来であれば，現社長の経営努力に対する最終報酬として，ある程度の部分を時価により，それ以外の部分を低廉譲渡もしくは贈与等によって後継者が購入・取得することが理想であろうが，現行制度ではそれを行った際に何ら課税上の特例がない。

3） O社（肥料，農薬等の卸・販売）

所在地	北関東	会社設立年	1951年
資本金	10百万円	売上高	1,149百万円
純資産額	1,454百万円	土地の帳簿価額	59百万円
従業者数	30名	現経営者の年齢	55歳
株主構成	代表取締役社長　　　　　　　　58.9% 常務取締役（社長の母）　　　　9.4% 社長長男　　　　　　　　　　　22.5% 社長妹　　　　　　　　　　　　8.8% 社長配偶者　　　　　　　　　　0.4%		
中小企業者への該当	する		
現経営者の先代経営者としての要件	する		
会社の沿革	1897年現社長の曽祖父が米穀，肥料商を創業 1951年有限会社に改組 1986年株式会社へ変更		
過去の承継	現社長は大学卒業後肥料メーカーに勤務し，当初は3年の予定であったが，バブル景気で家業が繁忙を極めたため1年で退職し，専務として会社に入社した。1986年の株式会社への変更時に，それまでの生前贈与によって取得していた預金を用いて株式の一部を取得した。その後1993年に先代社長が死亡した際に相続によって株式を追加取得し，現持株数となった。自社株に対する相続税額は多額であったが，先代が遺した自社株式以外の相続財産を処分することにより相続税の支払いに充てた。		
後継者に対する考え方	現在大学4年生である御子息（長男）に承継させる意向であり，卒業後は修行のため，いったん肥料メーカーに勤務させる予定である。ただし，長男が社長として不適格であれば経営の承継を見合わせることも考えている。		
株式に対する考え	株式は今後も直系に集めることを考えており，現時点で		

方	社長の妹が所有する持株に関しても自社株買い等の方法で対応したいと考えている。つまり直系外に株式が移転してしまわないように常に配慮している。
納税猶予及び免除特例の理解	詳しくは知らされていなかった。また，自分と同じような環境の仲間とも話題となったことはない。
日本の制度への感想	先代からの相続時において多額の相続税を支払った経験からすると，納税猶予であっても大変ありがたい制度である。日本も変わったと思う。画期的であり，国が8割を譲ったのだから2割は支払っても仕方がないと考えている。

　現社長は4代目であり，創業者は明治時代にアメリカで青年期を過ごし，結婚後に雑貨商から事業を始めた。2代目は薬局も併設したが，基本的に2代から3代（先代）への承継時点ではさしたる相続財産はなく，納税に窮することはなかったようである。3代目は肥料の利益率が高いことに着目し，ゴルフ場関係の業務に進出した。現在は中国において業務拡大を図っており，現地法人設立も検討している。

　親族間において跡継ぎを大事にする家風が確立されており，現社長は創業者の直系であることから，冠婚葬祭等では父親の兄弟よりも厚い待遇を受けるなど，家督を継ぐということに対する親族の理解が深い環境で育てられた。

　長男が現社長の意思通り成長し，後継者となれば，現行の納税猶予及び免除特例にそのまま該当し，承継時における相続税額等について80％の増税猶予を受けることができる。

　このように長年にわたり一族経営で，非分離・親族型を貫いてきた非上場会社では，現在の日本における納税猶予及び免除特例は，現行のままでも大きく貢献すると考えられる。事業承継時に多額の相続税を納税した経験のある現社長が，現行制度を高く評価しているのは特筆すべき事項である。

　しかしながら，昨今の複雑な経営環境を考慮し，将来においては分離型の経営をとらざるを得ない可能性も現社長は示唆している。つまり現社長の御子息について経営能力が不足する場合には，親族外から代表者を招聘することも考えているが，そうなった際でも当該代表者に一族の株式を譲ることは

全く考えていない。その場合には納税猶予及び免除特例の対象とするために株式の承継者となる御子息にも代表権を持たせる，すなわち代表者を複数置くことも考えている。ただし，このような事態は代表権の形骸化を招く恐れがある。

4) M社（電子機器小売業）

所在地	東京都	設立年	1987年
資本金	90百万円	売上高（連結）	10,815百万円
純資産額（連結）	518百万円	土地の帳簿価額	非公開
従業者数	358名	現経営者の年齢	57歳
株主構成	代表取締役社長　　　　　　　　　51% 専務取締役（社長配偶者）　　　　49%		
中小企業者への該当	しない		
現経営者の先代経営者としての要件	する		
会社の沿革	現経営者は農学部卒業後，精肉卸・小売業の会社に就職したが，その間に会社を設立し，その後30代前半で現在の社業に専念するようになった。当初は携帯電話・ポケットベル・事務機器の商社として創業した。携帯電話の一次代理店となった後，阪神淡路大震災の際に無償で機材を提供することによって，多くの顧客の信頼を得るとともに，携帯電話の付属商品を過去に培った食料品の知識を応用して本体と共に箱詰めにすることを考案するとそれが功を奏し，販路が急速に拡大した。一方で新業態であることから，銀行からの融資がなかなか受けられず，成長期の資金繰りには苦労した。その後，卸売店間における競争が激化したので，直営小売店舗を展開するようになった。現在では数社の商品を同時に品揃えする併売店を中心として業務展開している。今後の動向をふまえ，携帯電話の小売店としての事業ドメインではなく，モバイル環境の創造に重きを置いて経営を進めている。		
過去の承継	創業者であるため過去の承継はない。		
後継者に対する考え方	社長としては，現在の会社役員から後継者を指名したいと考えている。		
株式に対する考え方	これまで会社の成長のためにほとんどの私財を費やしてきたので，せめて会社の株式だけは相続財産として子に残したい。		

納税猶予及び免除特例の理解	専門職大学院で関連する授業を履修したことによって，概要は把握しており，現時点の会社の状況では適用にならないことを理解している。
日本の制度への感想	中小企業者の範囲，後継者の要件とも厳しすぎ，分離型が認められないのは少子化時代に合っていない。相続税があるために，日本の非上場会社は世界経済の中でハンディを負って活動していると考えられる。事業承継に係る税金の問題がなければ，より仕事に集中でき，愛国心が芽生えると考えている。もし，自分に不測の事態があれば，遺族は相続税の支払いに充てるため株式を売却するしかない。自らの存命中にそれを行い，相続税対策とすることも選択肢のひとつではあるが，これまで努力してくれた役員等のことを考慮すると心情的にはできない。何より法人税も含めて外国と比較してハンディが多すぎて，より社会貢献的な活動をしようとしてもそれが制限されている。

　現社長が創業した会社であり，携帯電話の小売業という比較的新業態の業種を営んでいる。現社長は社業に取り組む傍ら，地域貢献活動などにも積極的に参加し，また，50代後半で専門職大学院の修士課程を修了するなど，知識欲も旺盛で活発な活動をしている。会社業務は創業時からの役職員に分掌され，組織的な経営をしており，次期経営者も社内から抜擢したいと考えている。株式の上場も考慮に入れているが，小売業であるためメーカーやソフトウェア開発業に比較して売上総利益率が低く，上場に必要な利益を確保するには売上高の大幅な増加が必要となる。

　この会社は，小売業であるため資本金及び従業員数のいずれも中小企業者の範囲には収まらないために，納税猶予及び免除特例の適用外となる。仮に減資によって資本金基準をクリアし中小企業者に該当させても，社長は分離型の承継を考えているので，やはり特例の対象外となってしまう。つまり，現在の日本の制度ではこのような起業家一族を保護する配慮が全くないということである。特例に適用させるために社長の子を後継者にしようにも，今現在でそれは14歳の御令嬢であり，現実的は不可能である。またこの御令嬢の将来の財産形成から，次期経営者に株式を遺贈もしくは贈与することは考えていない。

　つまり，現時点でこの会社は，事業承継については税負担に関する得策が

ないが，従業員数を見ると380名と6社の中では最も多く，納税猶予及び免除特例が「雇用の機会を確保する」という趣旨のもとに定められているのであれば，このような会社に対して適用されなくてよいのであろうかという疑問が生じる。

5） C社（ソフトウェア開発業）

所在地	西日本	会社設立年	1980年代
資本金	263百万円	売上高（連結）	1,500百万円
純資産額	174百万円	土地の帳簿価額	130百万円
従業者数	139名	現経営者の年齢	60歳代
株主構成	代表取締役社長　　　　　　　　38% 役員及び従業員　　　　　　　　40% 金融機関・取引先　　　　　　　22%		
中小企業者への該当	する		
現経営者の先代経営者としての要件	しない		
会社の沿革	現社長は，1980年代前半にパソコンショップを創業し，その後業務向けパッケージソフトの開発により事業が成長軌道に乗る。その後株式会社化し，現在の主たる収益はソフトウェアの保守，開発，受注生産である。外部の株主は第三者割当増資によって出資を受けたものである。近年，大幅に業績が低迷したが直近期では100百万円超の経常利益を計上し，業績は急回復している。今後数年間は，建設業の業績向上及び消費税改正に伴う大幅な受注増が見込める予定である。		
過去の承継	創業者であるため過去の承継はない。		
後継者に対する考え方	現社長としては，現在の会社役員から後継者を指名したいと考えている。		
株式に対する考え方	現社長が所有する株式については次期後継者が引き継いでもらいたいと考えている。		
納税猶予及び免除特例の理解	あまり詳しくは知らないが，この会社では適用できない制度であると認識している。		
日本の制度への感想	承継をしたことがないので，税負担についてはよく分からないが，分離型による承継や，持株割合が過半数以下であっても税の恩典を受けられる外国の制度は望ましいと考える。		

現社長は起業家精神に溢れており，御令嬢がいらっしゃるが，あまりに御自分が忙しかったために寂しい思いをさせたと後悔する反面，会社経営をしたかったら自分で設立すれば良いと言い切る人柄である。近年大病を患い，事業承継についても考えるようになったが，会社の内部の状況から親族内承継は全く考えていない。

この会社はソフトウェア開発業であることから，資本金が263百万円であっても，300百万円以下であるために，円滑化法上の中小企業者に該当する。しかし，現社長とその特別の利害がある者が有する持株数が過半数に満たないので，納税猶予及び免除特例は今のところ適用できない。

基本的に親族内承継を望まれていないが，既存の役員等に経営と株式を承継する「非分離・親族外型」の承継を行うために，贈与もしくは遺贈により株式を承継させても，持株割合の関係から特例が適用できないので，当該後継者に贈与税あるいは相続税等の負担がかかることとなる。

現時点では過去の大幅な業績低下により，資本の欠損が生じているが，会社の業績予想によれば数年でその状態からは脱するとされ，帳簿純資産価額による社長の株価総額は１億円以上となることが見込まれる。仮に社長が遺言等を残さずに他界された場合には，現在の推定相続人である御令嬢に株式が移転することとなり，納税資金の捻出のため，当該株式を外部に売却した場合には，会社内部の関係に問題が生ずることが考えられる。この会社もT社と同様に，現社長の経営努力に対する最終報酬としてある程度の部分を時価により，それ以外の部分を低廉譲渡もしくは贈与等によって後継者が購入・取得することが理想であろうが，現行制度ではそれを行った際に何ら課税上の特例がない。

6) N社（食品製造販売業）

所在地	西日本	会社設立年	1910年代
資本金	100百万円	売上高（連結）	非公開
純資産額	非公開	土地の帳簿価額	非公開

従業者数	130名	現経営者の年齢	60歳代
株主構成	代表取締役社長　　　　　50% 取締役（社長配偶者）　　23% 社外取引先　　　　　　　27%		
中小企業者への該当	する		
現経営者の先代経営者としての要件	する		
会社の沿革	創業は17世紀という老舗で，1910年代に会社化している。食品を自社工場で生産し，直売店の他，百貨店等へ出荷している。		
過去の承継	現社長は直系であるが，1980年代に先代から経営を承継した時点では時点では，社長家の他に親戚5件で計20名の株主が存在した。先代は株式が親族に分散し，それぞれの家から会社に役職員が在籍し，かつ，経営者のようにふるまっていたことについて生涯苦労をしていたという。1990年代に会社が一時債務超過になった際に，先代社長より株式を譲り受ける一方で，親戚5件及び兄弟が所有していた株式を旧額面で譲り受け，現在の株主構成とした。		
後継者に対する考え方	御令嬢がその配偶者と共に会社で働いており，両者を後継者としたいと考えている。		
株式に対する考え方	株式については会社内で働いている御令嬢に承継したいと考えているが，一方で他の御令嬢には別の会社（資産管理会社）の株式を承継させる考えである。		
納税猶予及び免除特例の理解	制度については顧問の公認会計士等を通じても知っていたが，特にそれに対応するような準備は現時点ではしていない。また，歴史を有する会社オーナーの仲間内でもあまり話題にならない。		
日本の制度への感想	国として歴史や文化が大事だといいながら，実際には税制の縛りにより次の担い手がいなくなっている現実がある。イギリスやドイツの制度がうらやましくさえ思える。		

　非常に長い歴史を有する食品製造販売業であるが，20年ほど前までは度重なる相続により株式が分散化し，かつ，その議決権を利用してそれぞれの親族が会社に関与していたことから，ある側面では非効率な経営を強いられていた。一時的に債務超過になった時点で株の評価額は旧額面価額を下回り，先代経営者からは当該時点での評価額で承継し，他の親族や兄弟からは旧額面価額で株式を買い取ることによって，現社長家に議決権の集中を図ることができた。この結果，会社の株主及び従業者には現社長家以外の親族はいな

くなった。その後，会社において経営の効率化が行えるようになり，加えて新たな戦略を推進することができるようになったことが寄与し，会社の業績は回復した。会社の業績が悪い時期は分散した株式を集める絶好の機会であり，これは筆者の実務において非上場会社の経営者に常に進言していることでもある。

　基本的に納税猶予及び免除特例が適用できるが，伝統的に代表権は男子が有していた会社であるため，御令嬢に代表権を与えない場合には適用がないことになってしまう。よって，現行制度のもとで伝統を維持しようとするならば，承継時には御令嬢とその配偶者の両者に代表権を与えることになろう。

④　実地調査結果の考察

　これらの結果は，当然に日本の非上場会社の全体像を示すものではなく，限定的とはいえ，以下のような特徴を見出すことができる。

　1）4社について分離型を考えていること

　親族内で株式の3分の2以上を保有するE社，O社，M社，N社では分離型も検討されており，昨今の情勢をふまえて，同族もしくは一家族から適切な経営者を輩出することの困難さを示していると考えられる。

　逆に親族等の承継に縛られないT社，C社が非分離・親族外型を想定しているのは，同族関係者の枠を考慮せず，自由にしかるべき経営者候補を指名することだけを考えればよいということ意味している。

　2）経営者が議決権の過半数を所有することが必要とは限らないこと

　T社及びC社の現社長は筆頭株主であるが，所有している株式数は両者とも3分の1超であり，議決権の過半数とはなっていない。つまり，株主総会の特別決議を否決できる議決権割合を所有しているにとどまり，両者とも他の株主の協力を得て，円滑に会社を運営している。しかし，日本の制度では先代経営者がその特別の関係のある者と議決権の過半数超を所有していなければならず，現社長は両者ともにこの要件に当たらないため，納税猶予及び

免除特例の対象とはならない。

　3）株式を承継する親族がいる場合には親族外への贈与等の定めが機能
　　しないこと

　E社，O社，M社，N社では，非上場株式は一家の財産であるという認識が強い。よって，仮に親族外の後継者を擁立しても，その者に対し，所有している株式を遺贈もしくは贈与することは考えていない。つまり，全く子がいないなどの場合は別として，株式を財産として承継させる相手が存在する場合には，非分離・親族外型承継として贈与等を行い，納税猶予及び免除特例を適用させることは，あまり行われないと考えられる。

　4）社歴の長い会社ほど制度に適合すること

　O社，N社のように社歴の長い会社は，議決権が分散することに関するリスクを熟知しており，現社長家で議決権の過半数を維持する方針を明確に打ち出している。これは，現行の納税猶予及び免除特例の趣旨にも合致し，また，それまでの承継では税制上の優遇を受けていなかったことから，O社のように制度の導入についての歓迎度合いが高いものとなっている。

　5）すべての会社についてイギリス及びドイツの制度は有効であること

　各社の問題点としてあげたすべての事項は，イギリス及びドイツにおいては基本的には生じないものである。まず，イギリスにおいては非上場株式であること自体がBPRの対象となるため基本的にそれ以外の要件はない。ドイツにおいては，会社の規模に関係なく，承継する後継者が他の者と合わせて会社資本に25％超の関与があればよいとされていることから，T社，M社及びC社も特別控除の対象となる。また，当然ながら日本の納税猶予及び免除特例が受けられる会社はドイツの規定にも適合する。

　以下，以上の実地調査の結果とⅢにおけるイギリス・ドイツとの比較も引用しながら，納税猶予及び免除特例に関する問題とその対応について述べていく。

(2) 租税特別措置であることに関する問題とその対応

　イギリスにおいては，事業用財産については徹底してIHTが課されないように制度が確立されている。BPRの目的として，非上場株式が上場会社に売却されることによる地方経済に与える影響の排除や，IHTが高額になることを恐れて企業の成長を自ら抑制しないようにする等の理由は，政策的であると考えられるが，非上場株式についてIHTを課した場合，それを支払う財源のほとんどが当該株式そのものとなり，売却が困難であるばかりか，事業そのものを廃業しなければならないような事態を避けることが本来のBPRの目的であるとすると，当該非上場株式自体が他の財産と異なり，相続税を支払うための担税力が劣っていることに着目している点が明らかである。逆にBPRの適用を受けるために，非上場会社の資産構成が単に資産運用目的のために形成されているような場合や，事業に不要な資産が多く存在する場合には，その部分についてBPRを認めておらず，イギリスにおいて事業承継税制は単なる租税優遇措置ではないと考えられる。しかし，イギリスは遺産課税方式を採用していることから，日本と同じように考えることはできないであろう。

　ドイツにおいては，違憲判決にもあるように，事業承継についてErbStGの負担を軽減する理由は，社会的拘束を受ける事業を継続することによって納税義務者の担税力が低下するためであり，事業承継につき相続税負担を軽減する事業承継税制は応能負担原則に基づく措置であるという位置づけを，明確に連邦憲法裁判所が示している。よって基本的には租税優遇措置とは理解されず，また日本と同様に遺産取得課税方式を採用している。そこで，ドイツの制度をⅠの7に述べた応能負担原則の観点からの要件に当てはめてみると次のようになる。

① 一定以上の株式を継続保有しているか

　資本の25％超に直接関与しており，5年間の継続保有が要件となっている。

② 雇用水準を維持するか

5年間の給与支払総額が基準給与の一定割合（400％）を満たすことが要件となっている。

これは85％の特別控除の要件であり，このように①，②の要件を満たしているため応能負担原則からの観点からは，当然に相続税額は減額されるということになる。ただ，この他に管理資産の割合が50％以下という要件があるが，これはそもそも非上場株式としての内容を正していると考えられる。

一方，7年間継続保有し，その間の給与支払総額が700％以上である場合などの要件を満たした場合には100％の特別控除が認められるが，これについては雇用を増進するための政策措置であると考えられる。なお，この場合の管理資産の割合は10％以下となっている。

このようにドイツの制度は応能負担原則に従ったものであるといえ，ErbStGの立法趣旨にも従ったものである。

一方，日本における納税猶予及び免除特例は，措法70条の7から同条7の4までに規定されており，相続税法の中には規定されていない。そもそも租税特別措置とはⅡにおいて述べたように法律上はあくまで政策によって設けられた優遇税制であり，そこでは課税の公平性は犠牲にされているという扱いになっている。

しかし，日本における非上場株式についても，売却が困難で，雇用の維持などの社会的拘束を受けるという点ではドイツと同じである。ドイツと同じように現行制度を応能負担原則の観点からの要件に当てはめてみると次のようになる。

① 一定以上の株式を継続保有しているか

取得者の親族等を合わせて50％超を有し，その筆頭者であり，5年間の継続保有が要件となっている。

② 雇用水準を維持するか

5年間の給与支払人数が一定割合（80％）を満たすことが要件となっている。

つまり日本法においても応能負担原則の観点からは，①及び②の要件を原

則として満たしており，非上場株式については通常の相続税・贈与を課してはならないこととなるから，非上場株式については他の財産と異なる取扱いをしなければ，かえって課税の公平性が保たれないと考えられる。すると納税猶予及び免除特例が，現行のとおり優遇税制であるという位置付けは正しいのであろうか。

　酒井（2010，36-37頁）によれば，租税特別措置は納税者の経済活動を一定の方向に誘導することを目的とするものであり，あくまでも「当分の間」の措置であるとしている。つまり，非上場株式について他の財産と異なる取扱いをすることは，公平性を犠牲とするものでも，納税者の経済活動を一定の方向に誘導するものでもないことから，優遇措置とすべきではないことになり，また当然に「当分の間」の措置であってはならない。

　このように考えると納税猶予及び免除特例は本来租税特別措置法で定められるものではなく，相続税法本法に組み入れられるべきではないかということになる。

　一方，日本においてもドイツの管理資産に近い概念として資産保有型会社や資産運用型会社の規定（措法70条の7②1号）が存在する。しかし実際には，事務所・店舗・工場等が存在し，常時使用親族外従業員が5名以上勤務して，3年以上にわたり商品等の販売その他の業務を行っていれば，納税猶予の対象となることから（措法施行令40条の8⑤），純粋な担税力に着目した扱いとはなっていないと考えられる。つまり，担税力に着目するのであれば，非上場の資産保有型会社や資産運用型会社の課税はより強化されるべきであろうし，現行の取扱いを維持するのであれば，それこそが優遇税制と扱われるべきものと考える（ただし平成25年税制改正により，上場会社の株式数の100分の3以上を持っている場合で，かつ，その会社が資産保有型会社に該当する場合には，その部分の金額については納税猶予の対象とはならないこととなった）。

(3) 中小企業基本法のもとでの制度である問題とその対応

イギリス及びドイツでは非上場会社の規模は問われていない。これに対して日本は，納税猶予及び免除特例自体が，「中小企業の経営の承継の円滑化に関する法律」を前提としたものであり，その対象は中小企業基本法に定める中小企業者であることから，資本金もしくは従業員数について制限を受けている。しかし，雇用の安定化を考えた場合には，中小企業者でない非上場会社の方が，より多くの従業員数を抱えているために社会的拘束を受けているといえ，より応能負担原則に合致することとなる。現行の中小企業基本法によっている限り，(1)のM社のケースなどは納税猶予及び免除特例が受けられないために，「雇用の機会を確保する」ことが十分に行えないことになっている。

このように応能負担原則では要件を満たす非上場株式については通常の相続税・贈与を課してはならないこととなるから，納税猶予及び免除特例は中小企業基本法から独立させるべきであると考える。

(4) 課税方式への準拠性（移転者と取得者の概念）の問題とその対応

イギリスにおいては，遺産課税方式であることから，IHTは移転者側の生涯の税負担の清算としての意味合いを持つ。よってBPRの適用のために課せられる要件は，理論的に移転者側に対するものとなる。実際の制度でも非上場株式でかつ，移転者が2年以上保有していること以外の要件は問われておらず，当然に取得者についての要件及び取得後の制限は設けられていない。ただし，移転者が7年以内に死亡した場合には継続保有もしくは事業継続要件がある。

ドイツにおいては，遺産取得課税方式であるため，取得者側の要件が問われている。上述したように特別控除に関する要件として，相続等によって取得した者について一定割合以上の株式の継続保有を5年間（あるいは7年間）にわたって要求しており，一方で，株式を所有していた被相続人等については要件がない。

これに対し、日本の相続税法は、実質的には遺産取得課税方式をとっていると考えられるにもかかわらず、納税猶予及び免除特例は移転者（被相続人等）と取得者（相続人等）の両者について要件が付されており、他の2国とは明らかに異なっている。

つまり、実質的に遺産取得課税方式を採用しているのであれば、本来は取得者側の要件だけを定めればよいのにもかかわらず、納税猶予及び免除特例は移転者側の要件についても定めてしまっている。

このように現在の納税猶予及び免除特例は遺産課税方式と遺産取得課税方式の両方の要件を満たす必要があり、論理的整合性を欠いているため、過重要件となっていると考えられる。さらに、現在の適用要件では、経営の安定のために、数世代にわたって親族間に分散した株式を特定の者に集めようとしても納税猶予及び免除特例は適用されず、もともと株式が分散していなかった場合にしか適用がないことになる。

よって遺産取得課税方式の原点に立ち、移転者側の要件は撤廃すべきであると考える。これにより、次の(5)とも関係するが、(1)にあげたT社及びC社のケースにおいても納税猶予及び免除特例の対象となる可能性が高くなる。

(5) 適用される議決権の所有割合の問題とその対応

イギリスにおいて、現在は議決権の所有割合に関係なく、非上場株式のすべてについてBPRが適用されるが、過去においては25％超を有している場合に限られていた。ドイツにおいては資本に対する関与割合が25％以上（25％以上の関与があるグループのプール合意メンバーであってもよい）である場合に特別控除が認められ、両国とも特別決議を否決できる議決権数を念頭に置いている。

これに対し日本の納税猶予及び免除特例では、取得者が代表者となり、かつ、その者と特別の関係のある者で過半数の議決権を所有し、取得者がその筆頭株主でなければならない。日本においても、単独の議決権数ではなく、特別の関係がある者と合計で議決権数を測るのはドイツのプール合意に近い

ものである。しかしながら，合算される議決権を所有する者は，特別の関係がある者に限られ，合意等により誰とでもそのグループを形成できるわけではない。

　もともと「一定の議決権」を保有させる意味はⅠの応能負担原則からの考え方によれば，「社会的利益のためにそれを行使する必要性」から，つまり，「少数の議決権しか保有していない場合には，他の株主等によって会社が清算されてしまう可能性があり，その結果として会社の存続という社会的利益が失われてしまうことに対する十分な対応ができないから」であった。

　会社の清算を防ぐためには，ドイツのように特別決議を否決できる議決権数を有していればそれは可能となる。そして日本における株主総会の特別決議は3分の2以上の賛成をもって可決されるため，それを否決できるだけの議決権である3分の1以上を所有していれば十分であることになる。

　また，日本法では「取得後に，その特別の関係がある者と共に議決権の50％超の株式を保有し，かつ，その筆頭者であること」を要件としている。このことにより，親族外の複数の者が共同して創業した非上場会社においては，どれほど相互の関係が円滑であっても，納税猶予及び免除特例を受けることができない。さらに，「その筆頭者が複数いる場合には会社が定める1人の者」とされているため，それまで親族間において複数の者が協同し，円滑に経営をしてきても，適用を受ける者は1名に限られ，他の親族に対して納税猶予及び免除特例が適用されない。これは(1)におけるE社の例からも明らかである。これらの定めは基本的に同じ担税力のもとにあるのに異なる扱いを受けることとなり，取得者間の課税の公平性を害し，まさに応能負担原則の考え方からは認められない扱いとなっている。さらにそれまでの貢献やその後の社会的な制約を全く無視することになり，最悪の場合には税制によってその関係が破たんする可能性すらある。

　さらに納税猶予及び免除特例の対象となるのは議決権の3分の2に達するまでの部分とされているため，特別決議に必要がない議決権分である3分の2超の部分の株式を取得しても，納税猶予及び免除が認められない。よって

その部分について取得者は，通常の相続税及び贈与税を納税することになる。すると当該3分2の超過分については他の納税資金を用意するか，借入れを行うか，当該非上場株式を発行会社に買い取らせるか，さもなければ物納もしくは外部への売却によって納税を行うこととなる。仮に，100％の非上場株式を相続・贈与等によって承継する際に，総議決権の3分の1に相当する株式を処分することになった場合，事業の円滑な承継ができるかということに対しては疑問である。例えば納税資金を捻出するために当該非上場会社に自己株式として買い取らせたならば，会社の純資産は大幅に減少し，承継時点と同じ事業を継続できるとは限らないため，雇用継続要件である8割が達成されないことも想定される。

イギリスは遺産課税方式であり，そもそも非上場株式についてはその換金性が困難な点からIHTの対象外としているので，考慮の対象外とするとしても，やはり日本はドイツの方式に倣うことが必要ではないかと考えられる。

すなわち，日本においても取得者側が特別決議を否決できる総議決権数の3分の1のグループに，相続開始以降でもよいから属していることをもって適用要件とするように緩和することが望まれる。そして当然に適用を受けるのは1名の者に限らせない。また，特別の利害関係がある者の範囲に，合意によって同様の議決権を行使する第三者も含ませるべきである。さらに，特例の対象も議決権の3分の2までという制限を撤廃することが，担税力と国際間比較の観点からも望ましいと考える。

(3)で述べた中小企業基本法の支配からの離脱と併せ，このような手当てをすることにより，(1)において承継が困難とされたT社やC社についても，納税猶予及び免除特例が適用できるようになり，移転者及び後継者共に，より本来の経営に専念できると考えられる。

(6) **株式の評価に関する問題とその対応**

Ⅱにおいて述べたように，日本における実務では，国税庁の「財産評価基

本通達」に準拠して計算し，評価している。一方で，相続税法における財産評価原則では，「課税財産はその相続発生時の価額（相続税法11条の2①）で評価する」ことになっている。しかしながら，そもそも通達とは，上級行政庁が法令の解釈や行政の運用方針などについて，下級行政庁に対してなす命令ないし指令であり（国家行政組織法14条②），行政組織の内部では拘束力を持つが，国民に対して拘束力を持つ法規ではなく，裁判所も原則としてそれに拘束されない。したがって，現実には同様の機能を果たしているとされることもあるが，基本的に通達は租税法の法源ではない[2]。さらに，類似業種比準価額方式の基準株価も国税庁によって決定・公表されるが，基本的に上場会社の株価動向が反映されるため，当該非上場会社の状況に関わりなく株価が算定されるきらいがある。ちなみに2008年から2011年までの東京総研取引所の株価純資産倍率（PBR）は株価最低限といわれてきた1を下回っており[3]，1株当たりの純資産価額より低い評価額が多く算定されたことが推定され，納税者にとって有利な状況ではあったと考えられるが，相続発生時の価額として妥当であったかという観点からは疑問である。これについて，東京地裁平成4年3月11日判決（東京地裁平二（行ウ）一七七号）では，「租税平等主義という観点からして，評価基本通達に定められた評価方式が合理的なものである限り，これが形式的にすべての納税者に適用されることによって租税負担の実質的な公平をも実現できるものと解されるから，特定の納税者あるいは特定の相続財産についてのみ右通達に定める方式以外の方法によってその評価を行うことは，たとえその方法による評価額がそれ自体としては相続税法22条の定める時価として許容できる範囲内のものであったとしても，納税者間の実質的負担の公平を欠くことになり，許されないものというべきであるが，他方，右の評価方式を画一的に適用するという形式的な平等を貫くことによって，かえって，実質的な租税負担の公平を著しく害することが明らかな場合は，別の評価方式によることが許されるものと解すべきである。」としている。

　イギリスでは，評価額は原則としてその時点において，開かれた市場で売

却されたとした場合の価格であるが、非上場株式は一般的にそれを計算するのが困難で、専門性を必要とするため、HMRC と納税者間で価格について合意する際には、会計士・事務弁護士（solicitor）・評価の専門家等に依頼することも想定している。

ドイツにおいては、BewG の規定に従って非上場会社の株式や資本会社の持分についても、原則として通常価額で評価されるが、過去1年以内に行われた第三者への売却価格がある場合にはまずそれを適用する。それ以外の場合では、その資本会社の単純収益価格方式による方法又はその他一般に認められる方法によって算定されている。その他一般に認められる方法としては、DCF 法（Discounted Cash Flow-Verfahren）、収益価値法（Ertragswertverfahren）、他の会社との比準法（Comparative Company Approach）が想定されている。

このように考えると、日本においては、非上場株式の評価は相続発生時の価額すなわち当該時点での時価で計算されるべきであるが、評価に関する法律が存在しないために、財産評価通達を用いて公平性を保っていると考えられる。しかし、三木（2012, 131頁）によれば、「納税者の税負担に最も影響を与える財産評価方法を法律が具体化せず、課税庁の通達に委ねているのはおかしい。一番大事なところを課税する側に握られていることになるからである。」としている。非上場株式の時価、つまりそこにおける株価とは、日本公認会計士協会（2007, 11頁）では、「株式の価値の合計（株式時価総額）は、基本的には当該株式を発行する会社の企業価値に余剰資金を加え有利子負債残高を控除した額（以下「株式価値」という）に一致するものと考えられる。」としており、それによれば株価は株式の時価総額を発行済株式数で除したものと考えられる。

すると財産評価通達がどのような状態でもこのような観点から見て妥当であれば、それは納税者にとって公平であるということになる。しかし、例えば財産評価通達上の純資産価額の計算式においてそれは法人税の課税所得を計算した結果としての純資産価額がベースとなっており、会計上の負債計上

が法人税の課税所得計算で認められていない場合には，会計上のそれとその評価額が大きく乖離することが考えられる。このような場合には，第三者としての専門家による評価額等を用いることが合理的であるといえる。

(7) 「非分離型」の問題とその対応

Ⅱで述べたように，日本法の納税猶予及び免除特例は「非分離型」に限られている。本来，非上場会社の経営において重要視されるのは，「安定した議決権のもとでの安定した経営体制」であり，これによって短期的な業績の向上ではなく，長期的な観点に立った戦略を用いて，長期間にわたり事業環境に対応することが可能となる[4]。

会社の議決権が上場会社のように広く分散している状態や，株式が年金の運用資産となっている場合には，それらの株主は単なる投資対象として会社を見ているに過ぎず[5]，短期的な業績の向上に最も関心が注がれ，その株主としての地位を手放すのは市場での売却により行われるから，株主個人の特性はあまり重視されない。

それに対し，通常，非上場会社の株式は限られた数人によって所有されているため，株主個人の特性が強く表面化され，時には株主間の意見が衝突したり，会社の業務に関係のない親族間の争いが会社の経営に悪影響を及ぼしたりすることがある。

このような観点に立つと，納税猶予及び免除特例が定めるように，後継者を筆頭とするグループが議決権の過半数以上を所有し，安定した議決権のもとで経営を行うことが望ましいとも考えられる。また議決権を1人に集中できない場合には信託財産として議決権を一元化することも考えられる。所有と経営が「非分離」の状態であれば，確かに経営者としての地位を裏付けるものは自らが所有する議決権であるから，この状態は維持されるであろう。

一方で(1)での結果からすると，親族の資産として非上場株式を所有し続けていたいとする意向は依然強いことから，卑属の相続人がいる場合には，「非分離・親族外型」について納税猶予及び免除特例の適用を受ける事例は

今後も少ないと考えられる。また対象株式が相続財産の中で金額的に重要性がある場合に，法定相続人ではない者に対して，贈与もしくは遺贈の方法で株式の移動が行われても，相続人には民法に基づく遺留分の減殺請求権があるために，相続が発生した後に相続人ではないその受贈者（後継者）に対し，相続人からその株式の価額の一部について支払いを求められる危険性が考えられる。このような事態が生じた場合には，後継者の個人財政を大幅に圧迫し，経営の承継が失敗する可能性がある[6]。つまり「非分離・親族外型」の経営の承継については，民法上の財産権の問題に直面する可能性があり，結果として円滑な承継ができない場合があり得る。(1)におけるT社やC社のように，親族に後継者候補が存在せず，かつ，財産を譲りたい推定相続人が存在しない状態で，(5)に述べた議決権割合に対する制限が緩和される場合には，「非分離・親族外型」の事例が生ずる可能性があるが，立法趣旨がこれほど直ぐに変わることに関しては疑問が残り，単に利用の少なかった納税猶予及び免除特例について，形式的に範囲を広げただけではないかという感想を持っている。

　以上のことも踏まえたうえで，現行の納税猶予及び免除特例が「非分離型」に限られていることには以下のような問題点が考えられる。

① 応能負担原則の観点から問題がある

　再三述べたように応能負担原則からすれば，非上場株式の相続等による取得について（1）一定以上の株式を継続保有し，かつ，（2）雇用水準を維持する場合については通常の相続税・贈与を課してはならないこととなる。すると，この要件からは特に会社の経営に取得者があたる必要はなく，また，同じようにこれらの要件を満たした複数の取得者について，経営者であるか否かによって課税の取扱いが異なってしまうのは，まさに課税の不公平を生じさせるものであると考えられる。

② 先代経営者が急死した場合については混乱が生ずる

　先代経営者が急死した場合には，有効な遺言がない限り法定相続人が株式を相続するしかない。すると第三者は当然として，法定相続人外の親族につ

いても納税猶予特例の適用を受けられる経営承継相続人にはなれない。先代経営者が急死するような事態は，計画的な承継の取組が十分に準備されていない場合が多いと考えられ，かつ，被相続人の年齢からすると，法定相続人はその配偶者と比較的若年である子孫から構成される可能性が高い。配偶者が先代経営者と共に事業を行ってきた場合はまだしも，そうでない場合には配偶者や子孫が経営者としてふさわしい年齢や経験を十分には有していないことが想定される。そのような状況で納税猶予及び免除特例を受けるために限られた法定相続人の中から代表者を選任し，その者を経営承継相続人とする行為は，その後の経営に大きな悪影響を及ぼすことが考えられる[7]。

また，(1)のO社のように御子息を後継者として考えている場合に，他社に勤務させて経験を積ませるという計画は，後継者育成という観点から重要であると考えられる。しかし先代経営者が急死したからといって，納税猶予及び免除特例の適用を受けるために，急遽，彼を呼び戻し，代表権を承継させたのでは，当初予定した十分な経験を全うできないことになる。

さらに，経営者が急死したような場合にはとりあえず事業を取り巻く環境を維持することが先決であり，この場合には経験豊富な親族外の従業員にいったん代表権を与えて，経営者の急死に伴う混乱を終結させ，その後に長期戦略に立ってしかるべき代表者を選任するということが望まれる。このような想定とは全く逆に，円滑化法及び措法は経営承継期間中の5年間は所有と経営の非分離を要求しているのに，当該期間経過後は，経営承継者が代表者でなくなっても納税猶予は取り消しにならない。すなわち経営承継期間経過後には分離型を認めているのであるから[8]，当初からそれを認めてもよいのではないかということになる。また，末包（2012，56頁）によれば，日本における老舗企業においても，会社の所有（株式の所有）と運営（経営）の分離を常に進めてきた結果として，企業が存続した割合も多いとしている[9]。つまり，長年にわたって存続してきた企業が，所有と経営の非分離によってもたらされたとは限らないのである。経営の現場ではその経営者の質が重要であるが，それを支えるものは安定した議決権であり，非上場会社

Ⅳ　日本法における問題点とその対応

の場合にはそれを有するのは一個人か，それを中心とした親族集団ということになる。

③　実際の承継のニーズに応えていない

日本政策金融公庫総合研究所（2009）の調査結果（12-13頁）によれば[10]，その融資先の中小企業で後継者が未定である企業のうち，後継者の候補がいる企業についてみた場合，その候補者を親族外と考えている割合は，小企業で24％，中企業では29.6％に達している（図表Ⅳ-3）。この質問は，現経営者に子供がいるか否かは関係なく行っているため，実子がいない場合には，当然に親族外が後継者候補となる割合がより高くなる。

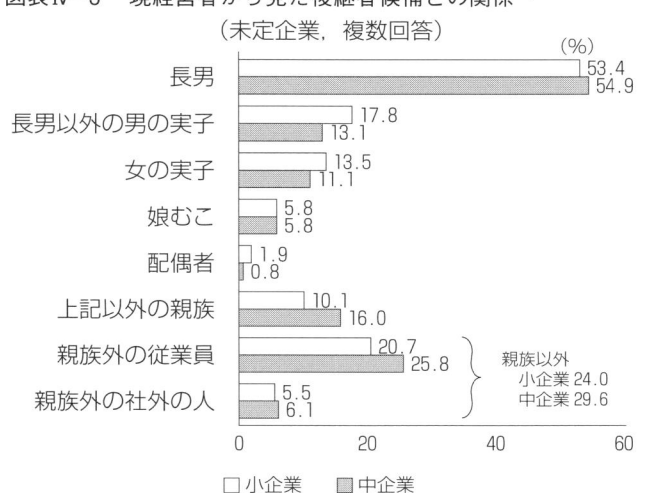

図表Ⅳ-3　現経営者から見た後継者候補との関係[11]
（未定企業，複数回答）

	小企業	中企業
長男	53.4	54.9
長男以外の男の実子	17.8	13.1
女の実子	13.5	11.1
娘むこ	5.8	5.8
配偶者	1.9	0.8
上記以外の親族	10.1	16.0
親族外の従業員	20.7	25.8
親族外の社外の人	5.5	6.1

親族以外　小企業 24.0　中企業 29.6

未定企業のうち，後継者の候補がいる企業（小企業67.0％，中企業64.7％）についてみたものである。※複数回答のため，合計は不一致となっている。

一方，対象を現経営者に子供がいる企業に限定し，そこにおける後継者に関する意識は，「子供であることにはこだわらない」あるいは「むしろ子供以外から選びたい」と回答した割合が，後継者が未定の企業においては小企業では55.1％，中企業では61.6％に達している（図表Ⅳ-4）。

図表Ⅳ—4　後継者に関する意識（子供がいる企業に対する設問）[12]

分　類	従業員数
小企業	1～19人
中企業	20～100人以上

□ 子供でなければならない
■ できるだけ子供がよい
□ 子供であることにはこだわらない
■ むしろ子供以外から選びたい

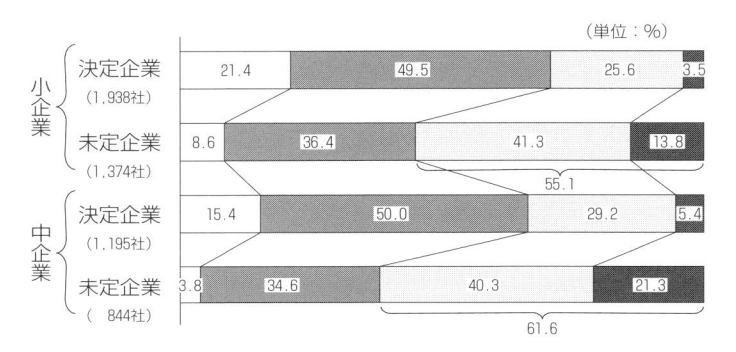

（単位：％）

小企業
- 決定企業（1,938社）：21.4 ／ 49.5 ／ 25.6 ／ 3.5
- 未定企業（1,374社）：8.6 ／ 36.4 ／ 41.3 ／ 13.8　　55.1

中企業
- 決定企業（1,195社）：15.4 ／ 50.0 ／ 29.2 ／ 5.4
- 未定企業（844社）：3.8 ／ 34.6 ／ 40.3 ／ 21.3　　61.6

　この結果を見る限り，納税猶予及び免除特例を親族内だけではなく，親族外にも広げた平成25年税制改正は正しいようにも考えられるが，Ⅱ9(1)で述べたように，立法当初の経済産業省は，「親族外の方に，ただで遺贈してしまう例が全く見当たらなかった」としており，さらに(1)において考察したように，経営の後継者は子供以外から選んでも，株式をその者に承継するとは限らず，一家の私有財産を保全するという観点からはむしろ否定的にとらえることが妥当であろう。つまり，非分離型は広く中小企業のニーズに応えているものではないと考えられる[13]。

④　代表権が形骸化してしまうおそれがある

　上記①にも関係することであるが，株式を相続または贈与等により取得した者が実際には業務を執行しないにもかかわらず，自らが代表者となることによって経営承継者となり，納税猶予及び免除特例を受けることも，現在の制度では可能となっている。すなわち措法において経営承継者とは，(a)株式等の50％以上を単独もしくはその特別関係者で所有し，かつ，筆頭株主であること，(b) 3年以上役員等であったこと（贈与の場合），(c) 代表者

であることの他，(d)「当該個人が，当該認定承継会社の経営を確実に承継すると認められる要件として財務省令で定めるものを満たしていること。」が要件とされている。そしてこれを受けた措法施行規則では，単に「円滑化省令第16条第1項に規定する確認を受けた会社の当該確認に係る円滑化省令第15条第3号に規定する特定後継者であること」とそれを定めており，その具体的な要件は「相続または遺贈により株式等を取得することが見込まれていること」，のみである（円滑化法施行規則15条三）。よって，実際の業務執行は他者に行わせ，実質的には経営に十分に関与しない配偶者等が会社の代表権を形式的に有することによっても納税猶予及び免除特例は適用されてしまう。このような状態は，会社法における代表権の形骸化を助長するようなものである。

⑤　有能な経営者候補が存在してもそれに対応できない

　有能な経営者候補が存在し，その者が従業員等の信頼も厚く，先代経営者から経営を引き継ぐことに何ら支障がない状態であり，その者を相続人間の合意により代表者に選任して経営にあたらせることは，会社経営の継続性を考えると好ましいことであると考えられる。しかしこの場合でも代表者及びその特別の関係のある者で議決権の過半数を所有しない限り経営承継者にはなれないため，納税猶予及び免除特例を受けることができない。

　さらに，昨今の日本においては少子高齢化が進み，推定相続人という限られた人材の中に，十分な資質を持った経営者候補が存在する可能性が年々低くなっていくことが予想される。これについては(1)においても明らかであり，ほとんどの会社がそのような懸念を抱いていた。この対応として予め経営者候補を先代経営者との養子縁組等により迎え入れ，推定相続人もしくは受贈者とすることによって，納税猶予及び免除特例の適用を受けるという選択肢もあるであろう。しかし，当該候補者が既に婚姻関係がある場合もあろうし，ますます少子高齢化が進む現在の情勢では養子縁組を行うことについて，財産権の観点からそれ以外の推定相続人から強い反発が生じることも想定される。よって非分離型に限定している現在の規定は，有能な経営者候

の台頭を阻害し，ひいては事業の継続性を損なう可能性もある。なお，中小企業庁が述べている「後継者が個人保証を引き受けることに対するリスク」についてであるが，これは個々の企業の状況によって異なり，例えば承継した時点で重要な借入金がない場合にはあまり問題にならないであろう。また実務上は過半数の持株グループに属さない代表者が個人保証を引き継ぐ場合も多くあり，さらには相続人とはならない者も保証に対するリスクを負うか否かという点に関しては同じ条件であるので，これについて特に考慮する必要はないと考えられる。

⑥　国際間比較の問題

まずイギリスにおいては，非上場株式であることだけでBPRの適用を受けるため，そこに一切の取得者側要件はなく，ひとつの非上場会社の株主が何人いても，それらは全て同一の扱いとなる。

ドイツにおいても，会社自体の雇用継続要件はあるが，取得者に義務付けられるのは継続保有であり，会社の代表者となることはおろか役員であることさえも要求されず，25％以上関与している株主やプール合意に参加している株主は全て特別控除の適用を受ける。

つまり，両国とも「分離型」の承継が認められており，かつ，対象者はひとつの非上場会社について1名に限られず，どれほどの人数がいてもよい。

再三にわたり繰り返すが，日本では「非分離型」の経営の承継しか認めておらず，かつ，適用を受ける者はひとつの非上場会社において1名に限られる。これは国際間の比較からしても不利な扱いと考えられる。

⑦　「分離型」導入の必要性

このように，非分離型ではさまざまな問題が指摘される。少子高齢化が進んだ日本の現状を顧みると，親族だけを経営の承継の対象とすることは，その候補者が絶対的に不足することが想定される。そこで中小企業を存続させる場合には，「分離型」に定義する，「経営は親族外がこれを承継（代表者に就任）し，所有である株式については法定相続人等が承継する」という形態は，今後ますます検討・導入されると考えられる。しかしそこにおいては，

その後の中小企業の安定的な存続のために，安定して株式を保有する株主の存在が前提となり，当該株主に株式が集中することから相続税負担は重くなるであろう。そこで，多数の株式を承継した相続人に対し，納税猶予及び免除特例を与えることが必要となる。Ⅰの3で述べたように，非上場株式について納税猶予及び免除特例を広げても，わが国の財政に影響を与える可能性は軽微であり，むしろ雇用の喪失による所得税の減収や，廃業による取引量の減少に伴う消費税及び法人税の影響の方が大きいと考えられ，「分離型」にも納税猶予及び免除特例を認めることはその効果が高いと考えられる。

よって，日本においてもイギリスやドイツと同様に，「分離型」の承継についても納税猶予及び免除特例を認めるべきである。分離型を採用し，さらに複数の者が納税猶予及び免除特例を受けることができるようになれば，相続人間や親族間の不公平も解消されることになる。

(8) 日本法の改正への示唆，及びその他の疑問点

以上に述べたように，筆者は日本法について以下のように改正すべきであると示唆する。

① 納税猶予及び免除特例は租税特別措置法で定められるものではなく，相続税法本法に組み入れられるべきある。

② 納税猶予及び免除特例は中小企業基本法から独立させるべきであり，全ての非上場会社について適用すべきである。

③ 遺産取得課税方式の原点に立ち，移転者側に課せられている「会社の代表者もしくは代表者であった個人で，その特別の関係がある者と共に議決権の50％超の株式を保有し，かつ，その筆頭者であった者」との要件は撤廃すべきである。

④ 必要とされる「特別の利害関係者が有する持株割合」を3分の1以上とし，さらにそのグループに，相続開始以降でもよいから所属していることをもって適用要件とするように緩和すべきである。この際には特別の利害関係がある者の範囲に，合意によって同様の議決権を行使する第三者も含

ませるべきである。さらに，納税猶予及び免除特例の対象も議決権の3分の2までという制限を撤廃すべきである。
⑤　非上場株式の評価にあたっては，財産評価通達に基づく評価額だけではなく，第三者としての専門家による評価額等を用いることができる旨を明文化すべきである。
⑥　「分離型」を導入すべきである。

　これらの中で最も早急に望まれるのはこの「分離型」の導入であるが，これを採用した場合には日本独自の問題も生ずると考えられ，それに対応する具体的な方法についてはVで述べることとする。

　上記にあげた以外に，1）そもそも制度として納税猶予でよいのか，2）納税猶予期間経過後に株式を売却した場合に利子税を付すことについてはどうなのか，3）グローバル化が進む中で会社が有する在外子会社株式等の評価額については納税猶予及び免除特例を受けることができないということについてはどうなのか，という点について疑問があるが，これらについては今後の研究課題としたい。

註

1) 「ただし，遺留分の放棄をした者でも，ここでいう「推定相続人」に含まれる。被相続人の相続開始後，共同相続人間で遺留分減殺請求がなされた場合には，減殺請求を受けた者の遺留分の額を超える部分のみが減殺の対象となると解され，減殺請求を受けた者が遺留分を放棄していた場合でも同様であって，こういう形で遺留分が機能する，このため，遺留分放棄者を合意の当事者としないと相続人ごとに遺留分算定基礎財産の額が異なることとなり不合理だからである（神崎ほか，2009，21頁）。
2)　金子（2013）106-107頁。
3)　http://www.tse.or.jp/market/data/per-pdr/　によれば，2008年は0.7，2009年及び2010年が0.8，2011年が0.7であった。
4)　Collins（2012）p. 11.
5)　Greenfield（2006）p. 25.
6)　円滑化法に定める遺留分の特例は，当然に推定相続人間のみで有効であるから，推定相続人以外が贈与によって取得した株式に対しては範囲外ということになる。

7) "Many owners assume that their children will want to enter the family business, or they put pressure on them to do so. Inadequate preparation and training, or undue pressure, condemns many next-generation members to unhappy careers that are neither satisfying for them nor productive for the business."（Leach, 2011, p. 159）.
8) 経営承継期間経過後において経営承継相続人等が代表者でなくなることは納税猶予の取消要件にはならない（措法70条の7の2⑤一）。
9) 末包らは，社歴が300年超の企業369社を母集団としたアンケート調査を行い，そのうち74の回答数（20％）を得た。その回答について，標準偏差の数値が大きい項目と小さい項目にグループ分けし，標準偏差の大きい項目は，老舗企業によって，企業存続のための条件として異なった見方が存在している，すなわち老舗企業の条件の多様性の問題と位置づけた。そして標準偏差の大きい項目中に，「会社の所有（株式の所有）と運営（経営）の分離を常に進めている。」という回答が含まれていた。つまり，所有と経営の非分離が絶対的な存続の要件ではないということである。
10) （1）調査時点：2009年7月，（2）調査対象：日本政策金融公庫の融資先 24,569社，（3）調査方法：調査票の送付・回収ともに郵送，アンケートは無記名，（4）回収数：9,397件（回収率38.2％）。
11) 日本政策金融公庫総合研究所（2009）図-17を筆者が編集した。複数回答であるためか，合計は不一致である。
12) 日本政策金融公庫総合研究所（2009）図-19を筆者が編集した。
13) 2011年3月10日に公表された帝国データバンクの調べでは，全国のオーナー企業について後継者の有無を見た場合，全体の68.2％にあたる27万9,160社が，後継者未定（未詳も含む）となっていた。そして後継者の有無を年商規模別にみると，年商区分が低いほど後継者の未決定率は高くなっており，「年商1億円未満」のオーナー企業では4社のうち3社が後継者未定となっている。このことから，規模の小さなオーナー企業では，事業の承継が今後の大きな課題となる可能性があるとされている。
http://www.tdb.co.jp/report/watching/press/pdf/p110302.pdf

V

分離型の導入に
際しての対応

Ⅳで述べたように，日本の納税猶予及び免除特例が「非分離型」のみを経営の承継として認めているのは不十分な制度であると考える。特に非上場株式が，相続人間等で重要な財産となっているにもかかわらず，その中にしかるべき後継者がいない場合に，会社経営の安定を考えて，有能と思われる者に経営を委ね，相続人等が安定株主としてその者をサポートする分離型によって承継をしようとしても，納税猶予及び免除特例は受けられない。

　一方で，仮にその有能と思われる者に非上場株式を第三者に贈与もしくは遺贈し，納税猶予及び免除特例を受けさせようとしても，それについては推定相続人から大きな抵抗を受けることが考えられる。また，そのような場合に代表権を持った者が株式を後継者に遺贈等によって取得させようとしても，現行民法における遺留分の侵害は免れず，かえって法律関係に支障をきたすだけではないのかという危惧も生じる。

　納税猶予及び免除特例は，承継に伴う雇用機会の喪失を防止することによって十分に社会的要請に応えるものであり，さらに日本の家計における金融資産・負債差額である約1,190兆円のうち，非上場の株式等はその約3.5％を占めるにすぎないため，「分離型」まで納税猶予及び免除特例の適用を広げても，財政に影響を与える可能性は軽微であり，むしろこれを適用しないことによる雇用の喪失による所得税の減収や，廃業に伴う経済取引量の減少がもたらす消費税，法人税への影響の方が大きいと考えられる。

　よって，「分離型」の導入は不可欠であると考えるが，その場合には株主側にも会社経営に対する配慮が必要とされ，例えば，グローバル企業でスイスに本社を置くRoche社のAndre HoffmannはKenyon-Rouvinez et al. (2005) xvii において以下のように述べている。

　「優れたファミリー株主は，自らを判断してコミットし，会社に対しても不当な要求はせずに良好な関係を築き，一定のオーナーシップを持ちながらも，経営に携わる人が行動しやすいように彼らに十分な自由裁量を認める。このためには積極的に経営に関わろうとするファミリーメンバーは，その役目が果たせるように必要なトレーニングを受け，深い知識を身に付けなけれ

ばならないことを意味している。積極的に関わり，真に会社に貢献できること——それは本当に重要なことだ。」

つまり，有効な「分離型」のためには，非上場会社の株主側のスキルも要求されるとしている。

また，Tagiuri et al. (1992) によれば，ファミリービジネスは図表Ⅴ-1に示されるように，3つの円 (Three-Circle) で表現されるものであり，Ownership, Business, Family が相互に影響されるものであるとしている。すなわち，所有（ここでは議決権）と親族及び事業（ここでは会社）の関係を十分に考慮しなければならないことになり，そこにおけるオーナーの役割は重要である。

そこで，「分離型」を導入した場合に生ずると考えられる問題点とその対応をここに考察する。なお，イギリス及びドイツにおいても「分離型」の承継は可能であるが，両国とも相続税法上は以下に述べるような取扱いはされていない。それはもともと社会風土の違いがあるという点も考えられるが，現時点での日本の制度は「非分離型」しか認めていないため，「分離型」が提案された場合の反対意見を想定し，それについての対応を予め示すことによって，その導入についての理解を図る目的がここにある。

図表Ⅴ-1　The Three-Circle Model of Family Business

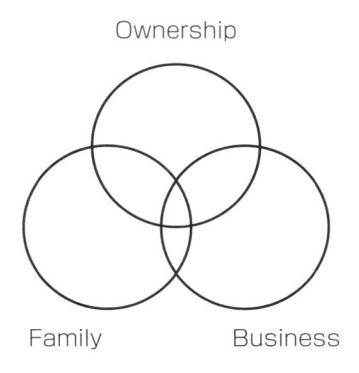

1 「分離型」の導入にあたっての問題点

「分離型」の経営の承継においては，業務執行と議決権が分離することにより代表者と株主間の意見が対立した場合に，それを原因として経営の安定が確保されないことも想定される。また，現行制度が平成25年改正後も「非分離型」を維持していることから，無条件にそれを認めさせることもできないであろう。そこで何らかの要件設定が必要となると考えられるが，そもそも承継が経営と所有に分けられるため，まず，経営を承継する「経営者としての要件」と，所有としての株式を承継する「相続人（もしくは受贈者）としての要件」についてそれぞれ述べていく。

(1) 経営者としての要件

承継する経営者（自ら起業して経営者となる場合を除く）として適正であるためには，Drucker（1974, p. 74）によれば意思決定能力・コミュニケーション能力・統制能力を備えていることが必要とされている。しかし，それは客観的な判断基準を設定できるものではない。仮に客観的な判断基準としてあげられるものとしては，実務経験年数や学歴等があろう。しかしながら，一定期間以上の実務経験や学歴・資格試験等の合格は経営者としての能力を高めることに寄与することは考えられるが，経営者としての適性までを保証するものではない。さらに経営は企業外部環境の影響を必然的に受けるため，仮に資質が十分である者が経営者になってもそれがうまくいかないことも当然に考えられる。すると制度として強制される中において，経営者としての要件を定めることには無理があると考えられる。落合（2010, 74頁）によっても，「経営者になるにあたって経営の専門家としての技能を証明する特別の資格を要求することは，もとより賢明な策ではない。」としており，結果としてこの点については特に「株主と強調して雇用を継続する要件」以外は定める必要はないであろう。よって，分離型を採った場合には，経営者から雇用を一定期間継続する確認書を取れば足りるであろう。

また何よりも、相続税は財産に対する課税であるため、応能負担原則からすれば、分離型により非上場株式を取得しない経営者に対して、雇用継続要件以外を課すことは、必要がないばかりか過重要件となってしまう。

(2) 株式の承継者としての要件

法定相続人は、民法により被相続人の財産を相続する権利があるため、財産の取得自体に対して条件を付すことは制度上不可能と考える。しかし納税猶予及び免除特例については、その規定自体がすべての相続人について適用されるわけではないので、取得後の保有等について条件を付すことは、遺産取得課税方式の考え方にも合致しており、ドイツにおける例を見ても取得後の保有年数等について要件を課している。ここで、現行の日本における納税猶予及び免除特例において要請されている取得後の要件のうち、「分離型」においても当然に必要と考えられるのは、以下の2点である。

第一は、経営の安定のため一定数以上の株式を相続もしくは贈与によって取得し、それを長期にわたって所有すること、つまり保有期間の要件である。この件については、原則として相続人もしくは受贈者の死亡まで納税猶予が免除されないとする規定の是非は別として、経営承継期間を5年とする現行の「非分離型」に適用されている内容と同じとすることで差支えないであろう。けだし、通常の中期経営計画は3年から5年にわたり策定され、それ以上の管理を求めることは現実的ではないからである。

第二は、承継に伴う雇用機会の喪失を防止すること、つまり継続雇用の条件である。これも現在の「非分離型」において定められている80％以上の雇用人員を承継後5年間は平均して維持することと同じとすることで差支えないであろう。ただし、分離型の場合には株主自らが業務上の意思決定を常に行うわけではないため、実際の執行は代表者に委ねることとなり、(1)に述べた経営者の確認書と共に、それに対して議決権者として協力する旨の書類を作成すればよいであろう。

これらは応能負担原則が求めていることである。しかし、現在の「非分離

型」と比較した場合には，これらに加えて，業務執行と議決権が分離することにより代表者と株主間の意見が対立した場合に，私利私欲や不合理な個人の判断で議決権を行使し，会社の経営を危機に陥れないような仕組みが会社と株主間に存在することが必要であると考えられる。

つまり「分離型」においては，株式の承継人は代表権を持たないことから，場合によっては相続人等が全く経営に参画しない外部株主となることも想定されるため，この部分を担保する必要があろう。

非上場会社における議決権を行使する者としては，会社の代表者及びその他の従業者等とコミュニケーションをとり，自らの有する議決権を，会社の存続・従業者の雇用の安定・成長に帰するように行使しなければならない。つまりそこではコミュニケーションを保証する要件が必要とされる。

あるいは，単に代表者が議決権を有することで問題が解決するとするならば，種類株式の発行を認めることが考えられる。つまり，代表者が実質的に一定の議決権を有することが「非分離型」の要件であるから，それは種類株式の発行することによっても実現可能だからである。

以上の考察により，経営者としての特段の要件は必要がないと考えられ，また，継続保有の要件と，継続雇用の要件は現行法においても十分であると考えられる。

よって，コミュニケーションに関する要件の設定もしくは種類株式の発行を認める必要があり，以下これらについて述べていく。

2　コミュニケーションに関する要件の設定

これには以下のような方法が考えられる。

(1) 経済産業局に提出する「事業継続の状況等についての報告書」にその内容を記載させる

現行法では，納税猶予を受けた者は，贈与税もしくは相続税の申告書の提

出期限の翌日から，原則として同日以降5年を経過する日（すなわち経営承継期間）中は，年に1回，「事業継続の状況等についての報告書」を経済産業局に提出しなければならず，その内容が認定の取消事由にあたらなければ[1]，「要件に該当する旨」の確認書が交付され，それに必要書類を添付して納税猶予及び免除手続の窓口となっている所轄税務署に提出しなければならない。そこでこの報告書の記載事項として，株主が取締役・従業員等とどのようにコミュニケーションをとり，その結果としてどのように意思決定をして議決権を行使したか，等を盛り込むことが考えられる。

しかしながら客観性をもって経済産業局が判断できるものは，どうしても形式的な事項に限られるため，これに実質的な一定の効果を求めることは期待できないと考えられる。そこで，実質的な効果を求めるために次の(2)の方法が考えられる。

(2) 株主評議会を設置する

株主と会社のコミュニケーションをとる方法としては，非上場株式を承継した相続人等が代表権を持たない取締役となることにより，会社の情勢を把握し，それに対応する形で議決権を行使することが考えられる。しかしながら，会社法における取締役の概念としては，常勤・非常勤の区別はなく，当該相続人等が非常勤の取締役である場合には，本人の都合等により取締役会に欠席することが多くなることも想定される。そのような場合に取締役の善管注意義務あるいは忠実義務違反を指摘したところで，外部の関係は別として，株主内部の関係については自らが当然に大株主として議決権を行使するために，ペナルティを科すことは困難であろう。また承継した相続人等が主として勤務する会社等で制定されている勤務条件のために，他の会社の取締役や監査役に就任できないことも考えられる（特に公務員の場合などはその典型であろう）。かように考えると，会社の取締役になることを強制することにはあまり意味がなく，それを行うこと自体が不可能な場合もある。

Ⅲでも述べたように，ドイツでは共同決定法（MitbestG）や3分の1参

加法（DrittlebG）の適用を受ける企業では労働者代表の監査役への登用が義務付けられているため，従業員に対する賃金水準の維持などについての監視機能が十分に働くことが考えられる。このような考えはその適用を受けない企業においても，参考とされているであろう。

さらに欧米では法令に強制されないファミリービジネスに関するガバナンス方法の研究も多く，例えば Kenyon-Rouvinez et al.（2005, p. 47）では図表Ⅴ-2のようなガバナンスシステムを示している。これは特に数世代を経たファミリービジネスでは任意機関を設定し，ファミリーメンバー内の意見調整を行うことで，独自のガバナンスを行い，その上で会社に対して株主側の意見を述べる環境を整え，会社とファミリーの利害が衝突しない仕組みを目指している[2]。

そこで，日本においても株式を承継した相続人等が好ましからざる個人の判断で議決権を行使することを防止し，かつ，会社とのコミュニケーション

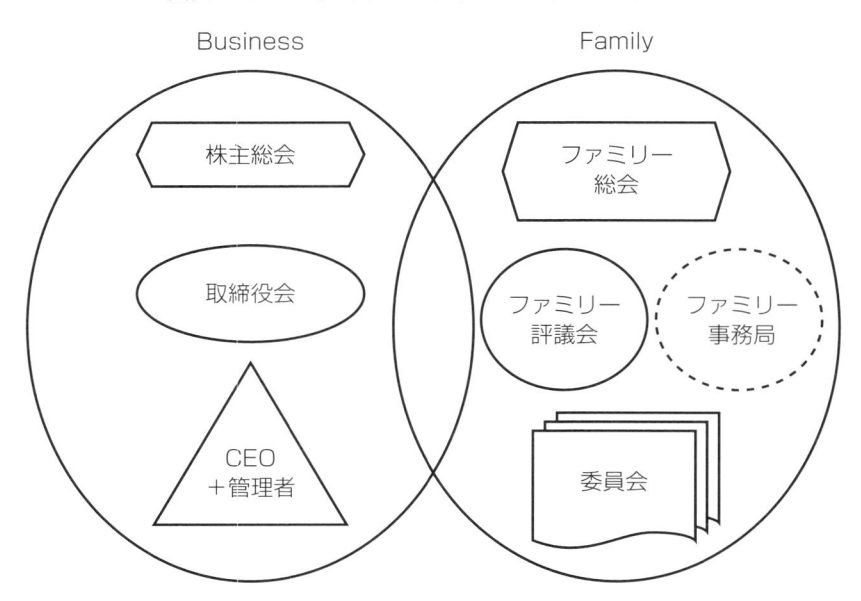

図表Ⅴ-2　ファミリービジネスにおけるガバナンス

を維持し，彼らを指導・牽制するために，会社法に定める以外の新たな機関を設置することが考えられる。図表Ｖ-2でこの役割を担うのはファミリー評議会（family council）であるが，ここには現在の株主ではない一族のメンバーも含まれた概念となっている[3]。

　Eckrich et al. (2012, pp. 2-4) では，「競争相手に対する長所としての「ファミリーによる支配」を維持するためには，ファミリービジネス評議会を導入することが不可欠であり，成功しているファミリービジネスはそれを実行している。」と述べ，ファミリービジネスがファミリー評議会を持つべき理由として，以下の4点をあげている。

① ファミリービジネスが持つ長所を最大化する。

　ファミリービジネスは，非ファミリービジネスと比較して，誠実さや従業員に対する配慮，利益還元に対する長期的な対応，外部のニーズに対する責任感が大きい等の長所があり，ファミリー評議会はそれを最大限に活用することに寄与する。

② ファミリービジネスが持つ課題を克服できる。

　特にファミリーのメンバーの複数がビジネスに参加している場合には，その間柄が家族であるために，ビジネス上の役割と家族の感情が対立し，非ファミリービジネスと比較して複雑な関係を生むことになる。ファミリー評議会はこのようなファミリービジネスが持つ課題に積極的に対処することができる。

③ ビジネスについてファミリーの意見を統一できる。

　創業者以降の世代で成長しているファミリー会社とそのファミリーにおいて，そのビジネスのリーダーはしばしば，さまざまな要求の増加に圧倒されるようになる。つまり相続等によって新たに株主となった者が現れると，それぞれがファミリービジネスで働く機会や，株主としてどのような役割を演じていくかを考えるようになるからである。とりわけ財産計画に係る問題が生じるとそれぞれの主張が激しくなりやすい。ビジネスに関わるファミリーはこれらの問題に対して集中して管理し，議決権行使やファミリー内からの

ビジネスへの登用について，ファミリーとしての意見を統一する必要があり，ファミリー評議会を設置し，これにあたらせることが有用である。
④　解決方法を創造する。

　ファミリービジネスは，対立や成長の要求について円滑に処理する方法を見出し，あるいは紛争を計画と教育を通して効果的に避けるようにしなければならない。そうでなければ，ファミリーは関係しているビジネスから十分な恩典を享受することはできない。しかしながら，ビジネスやファミリーだけの経験ではファミリービジネス内の対立や株主集団との良好な関係を維持することは困難である。そこに外部から新しい者の経験が必要となり，ファミリー評議会を機関として持ち，そこに新しいメンバーを加え，さまざまな問題解決の方法を創造させることが必要となる。

　また，Leach（2012）では，ファミリー評議会の導入により成功した例をあげ[4]，さらに p. 48 では，ファミリー評議会の中心となる目標は以下のとおりであるとしている。

① 　経営者と株主のコミュニケーションを改善する。
② 　ファミリーとビジネスに対し責任を持った執事職を身に付けさせる。
③ 　強く，効果的で健全なファミリーの関係を育てる。
④ 　ファミリーの拡大とビジネスの発展のために，強健で柔軟なガバナンスを供給する。
⑤ 　株主に対して，影響を及ぼす決定の支えとなる教育を促進する。
⑥ 　結束の固い株主を作り，広くファミリーグループがひとつの言葉で話せるようにする。

　そして同 p. 49 では，「成功したファミリー評議会は，積極的なファミリー文化と，良好な経営がされているファミリービジネスの指標であることは疑いがない。」としている。

　これらから考えると，日本においても相続人と会社の意見を調整するために，ファミリー評議会は有用な機関であるといえる。

　ただし，本書においては後述するようにその構成員を，株主とそれについ

て情報を提供あるいは指導する者に限定して考察しており，その議決権行使に対して，お互いに指導・牽制して合意する機関であることから，これを「株主評議会（shareholder council）」とよぶこととする。

株主評議会の構成員は株主と必要ある場合には株主以外の者からなり，会社の状況を把握し，株主以外の者はそれを株主に報告し協議し，時には相互に指導することによって，所有と経営の分離に伴う欠点を満たすように機能させることを目的とする機関である。また，Ⅳで述べたように，日本においても取得者側が，特別決議を否決できる総議決権数の3分の1（あるいは現行法通りの過半数）のグループに相続開始以降でもよいから所属していることをもって適用要件とするように緩和するのであれば，この株主評議会こそが当該グループとなると考えられる。

株主評議会の内容は具体的には次のようになろう。
(a) その任務・権限

株主評議会は，これに属する非上場会社の株主及び必要ある場合には株主以外の者となり，納税猶予及び免除特例の趣旨に従って，会社の事業承継期間としての5年間におけるリスクを極力回避し，かつ，雇用の安定を維持するために，会社に対し議決権を行使し又は必要とされる提案を行う機関である。ただし，基本的には株主の集団であるため，その合計議決権の数を超えるような権限を会社に対して持つことにはならない。
(b) 議決権行使を決定する基準

株主評議会の構成員たる株主が，株主総会において議決権行使を決定する基準としては，当該議決権行使が，(a)の納税猶予及び免除特例の趣旨に従ったものであることを確認したうえで行使することになる。

ここで，ドイツにおいてはプール合意の内容として「議決権は当該合意に参加していない他の株主に対抗するために，定められた方法に従って行使すること（RE13b.6 (3) ErbStR）」を定めており，日本においても個々の株主は株主評議会内部の関係としてこのような規定に従うべきである。ただし，

個々の株主の意思を尊重する立場からは，株主総会の議案のすべてについて株主評議会で同じ議決権行使をする必要はないであろう。

(c) 機関の構成

機関の構成員は，3分の1超（もしくは現行法通りであれば過半数）のグループに属するすべての株主及び必要ある場合には株主以外の者である。経営の実質を考えた場合には，株主評議会に属する株主の資質が重要な要素となるであろう。すなわち「分離型」における株主は経営者と比較して会社の経営状況に疎いと考えられるために，経営者から必要と考えられる情報を最大限に引き出し，それを評価する能力がなければならない。これにはコミュニケーション能力，法的判断能力，分析能力が必要とされる。

株主評議会に属する株主のうち，いずれかが当該非上場会社の常勤取締役や常勤監査役である場合に，取締役会に参加している限りはこのような情報を持つことが考えられよう。

しかし，株主評議会のうちいずれの1名も会社の常勤取締役等でない場合には，この部分が特に欠如すると考えられる。そこで特に法的判断能力や分析能力について着目した場合，評議会の構成員には弁護士や公認会計士等を登用することが考えられる。つまり，株主のうちどの者も会社の常勤取締役等でない場合には，いわゆる外部構成員としてこれらの人材を最低1名登用することを義務付け，株主評議会の代理人として取締役会等に出席し，あるいは代表者とコミュニケーションをとることが望ましい。

ただし，この場合には株主評議会設置に伴う費用が多額になる可能性があり，それを会社もしくは株主が負担しきれない場合にはこの方式の採用を断念することも予想される。

(d) 評議会における同意事項についての代表者の行為制限及びその差止め請求権の有無

評議会における同意事項については，直接代表者の行為に制限を付けることはできないと考えられるが，一方で株主評議会の構成員である株主にとって最も重要な事項は，納税猶予及び免除特例が取り消されないように，承継

後5年以内の増資や合併等による持株比率の希薄化を防ぎ，平均雇用人数の8割以上を確保することである。

前者についてはもともと会社が将来発行する予定の株式数は定款に定める事項であり（会社法37条），かつ，新株の有利発行（同199条②）や合併（同783条・795条）等は株主総会における特別決議事項（同309条②）であるから，評議会構成員が議決権の3分の1超を有していることが前提である限り，不利となる場合には否決することができる。

しかし，後者については，使用人の解雇等が代表取締役の権限内の行為であり，これを遵守させるためには，株主評議会と代表者間の特約が必要となる。すると会社の代表者が特定の株主と特約を結ぶことになり，株主平等の原則に反するのではないかという問題が生ずる。これは，「株式会社は，株主をその有する株式の内容及び数に応じて平等に取り扱わなければならない（会社法109条①）」とされているものであるが，同条2項では，「前項の規定にかかわらず，公開会社でない株式会社は，第105条第1項各号に掲げる権利に関する事項について，株主ごとに異なる取扱いを行う旨を定款で定めることができる。」とされている。しかし，会社法105条①各号に定められている株主の権利は，剰余金の配当，残余財産の分配，議決権の行使に限られており，特定の株主と特約をすることに関しては定められていない。

ただし，近時，株主平等の原則はリジッドなものではないと解する見解が有力であり，大隅ほか（2010），さらに落合（1993, 54頁）によれば，「株主平等の原則の根拠が法の理念である衡平にある以上，その衡平の理念に合致する範囲内での不平等は平等原則それ自体が許容しており，平等原則に違反しているかどうかは実質的に判断されるべきである」とされている。よって，特約が他の株主に対して著しく不平等とならない限りは問題とされないと考える。ここで特約が破棄されるような事態となった場合には，株主評議会から代表取締役に対し，当該行為の差止め請求を行うことが考えられる。

(e) 責任

株主評議会は基本的に株主の集団であるため，株式会社においては原則的

に出資義務しか負わない。また、議決権の行使が第三者に責任を及ぼすことも基本的にはない。つまり、会社の取締役や監査役のような責任は負わない。ただし、株主評議会の構成員のうち、株主以外の者が誤った判断を行った結果、他の構成員に損害を与えた場合には、当該他の構成員から損害賠償請求の責めを負うこととなろう。よって、一方で評議会の構成員となった者の財産面における保護のため、それぞれの業務において用意されている職業損害賠償責任保険の担保範囲に、株主評議会における業務も含める必要もあろう。

(f) 報告等

株主評議会の議事運営については、当然に議事録を残すことになる。そして、評議会の開催実績については、(1)で述べた規定に基づく経済産業局に提出すべき書類に含め、「要件に該当する旨」の確認書と共に納税猶予及び免除手続の窓口となっている所轄税務署に提出する書類に含めることとなろう。

ここで、株主評議会を設置した場合に、その運営費用をどのように取り扱うかという点も問題となろう。つまり、この運営費用を個人株主負担とした場合には所得税法上の問題が、会社負担とした場合には、それに加えて会社法及び法人税法上の問題が考えられる。

(a) 個人株主の負担とした場合

運営費用を個人株主の負担とした場合に、会社法及び法人税法上は何ら問題となることはないと考えられるが、所得税法上の問題が生ずることが考えられる。すなわち、個人株主からすると、その費用負担の財源として直接結びつくものは、当該会社からの配当金であろう。個人が法人から受ける利益の配当は、所得税法において配当所得を構成し（所得税法24条第1項）、その所得金額は、次のように計算される（同第2項）。

> 配当所得の金額＝収入金額（源泉徴収される前の金額）
> 　　　　　　　－株式などを取得するための借入金の利子

　ここで，収入金額から差し引くことができる借入金の利子は，株式など配当所得を生ずべき元本のその年における保有期間に対応する部分に限られている。非上場会社から受ける配当所得は，総合課税の対象となり，一定のものを除き配当控除の適用を受けることができる。すると，現行法では配当所得の計算上，配当を受けるために間接的ではあるが要した株主評議会の運営費用については，何ら控除ができないこととなる。しかしながら，相続税及び事業税の納税猶予及び免除特例のために支出した株主評議会の運営費用が，この配当所得を計算するうえで何ら考慮されないのは，納税者として納得のいくものではないであろう。よって，この費用は，配当所得を計算する際の控除項目とすることが考慮されてしかるべきである。

(b)　会社の負担とした場合

　運営費用を会社の負担とした場合には，ⅰ）会社法，ⅱ）法人税法及び所得税法上の問題が生ずると考えられる。

　ⅰ）会社法上の問題

　株主評議会に対する費用を会社負担とした場合には，特定の株主に対する費用負担となり，会社法が想定する株主平等の原則に反するおそれがある。よって，現行法における会社負担としては，剰余金の配当として他の株主より多くの配当を支払い，この部分を用いて株主評議会の費用に充当することが考えられる。この場合には，株主総会の特別決議が必要となるが，株式を取得した相続人が議決権の3分の2以上を有している場合には，当然に問題なくこれを行うことができる。

　そうでない場合には，他の株主の同意を得ることが条件となり，得られない場合には個人負担とならざるを得ないであろう。ただし神田（2011，68頁）によれば，「個々の取扱いについて不利益を受ける株主がそれを承認したときは，株主平等の原則と異なる取り扱いをすることも許されると解され

ている。」としており，この解釈を用いれば，他の株主全員の同意を得た場合には，配当以外の方法（費用として支出）によっても会社が負担することも可能となる。そこで以下に示すⅱ）の記述は，他の株主全員の同意を得て，会社が株主評議会の費用を直接支出した場合について述べている。

ⅱ）法人税法及び所得税法上の問題

上記において述べたように，株主評議会の運営費用を会社の計算で費用として処理した場合には，特定の株主に対して交際費を支出したとみなされるおそれがある[5]。

すなわち交際費，接待費，機密費，その他の費用で法人がその得意先，仕入先その他事業に関係ある者等に対する接待，供応，慰安，贈答その他これらに類する行為のために支出するものは「交際費等」となり（措置法第61条の4第3項），法人所得の計算上損金の額に算入されない。

これを受けた措法通達61の4 (1)-15 (6) では，「いわゆる総会対策等のために支出する費用で総会屋等に対して会費，賛助金，寄附金，広告料，購読料等の名目で支出する金品に係るもの」は交際費等に該当するとしており，株主評議会に対する支出が総会対策等の一環ととらえられる可能性がある。ただし，株主評議会の設定による分離型の経営の承継が認められた場合には，同じ措法において規定されている相続税及び贈与税の納税猶予及び免除特例に関するものであるから，同一法の中でこのような取扱いを受けることは不当であろう。よって，その際には国税庁の通達等でこれが交際費等に該当しない旨を示す必要がある。

一方，株式の承継をした株主が，「会社の代表者ではないが，取締役・監査役等の役員もしくは，従業員である場合」には[6]，役員に対する経済的利益として，役員に対する給与を構成するとみなされる可能性があり（法人税法34条），それが定期同額給与（同法1項第1号）もしくは事前確定届出給与（同第2号）でない場合には損金不算入となる。

役員給与とみなされた場合には，当該支払額が株式を承継した株主の給与所得となり，法人側では源泉徴収義務が生じる他，定期同額給与もしくは事

前確定届出給与を超える部分については損金不算入となる可能性がある。そして個人側ではこれを通常支払われている給与に加算されて所得税が課されることになる。これもかような取扱いがされては，納税猶予及び免除特例の意義を薄めてしまうであろう。よって，会社が支出した株主評議会の運営費用は，交際費等に該当しないだけではなく，役員給与にも該当させない法令の整備が望まれる。

3　種類株式の発行

　分離型の派生的な形態として，議決権を代表者に集中させるためには，種類株式（classified stock）を発行する方法がある。すなわち拒否権付種類株式（会社法108条①8号）や議決権制限株式（同3号）を発行することにより，経営を承継する代表者が拒否権付種類株式もしくは議決権のある株式を取得し，株式の相続人等が拒否権付種類株式以外の株式もしくは議決権制限株式を取得するという方法である。

　この方法によれば，経営を承継する代表者は比較的少ない支出で議決権もしくは拒否権を取得できる。現在の相続税法財産評価通達においては株式に付されている議決権については価値を認めていないので，大多数の株式を取得する相続人には通常の相続税が課税される[7]。しかし，提言したように相続税財産評価通達によらない評価を用いるのであれば，議決権や拒否権について，当該会社の状況によってその価値を反映させることも考えられる。

　いずれにせよ，「非分離型」のみを採用している現行法が，議決権に制限のない株式にのみ認めていることを改め，議決権に制限のある株式等については，「非分離型」の場合にはそれを認めることによって，会社の代表者が自らの有する議決権を，会社の存続・従業員の雇用の安定，そしてさらなる成長に帰するように行使することができる。

　ただし，本来，株式会社の所有者は株主である，ということを重視するならば，この方法は積極的に用いられるべきではないとされるであろう。そ

してこの方法を用いた場合には，以下の点について明確にする必要があろう。

(a)　株式の種類

　基本的に拒否権付種類株式及び議決権制限株式の2種を想定すればよいと考える。

(b)　拒否権及び議決権制限の内容

　現行の納税猶予及び免除特例においては，代表者が議決権の過半数を実質的に有していることを前提としている。よって，代表者が所有する拒否権については当事者間の自由でよいと考えられる。一方，相続人等が拒否権を有する場合には，基本的に合併等の組織再編行為と，新株式または新株予約権の発行に限られると考えられる。

(c)　その期限等の設定の可否

　基本的に，現行の納税猶予及び免除特例で分離型が認められないのは，経営承継等期間の5年間である。よって，相続人側の株主にとって代表者が拒否権付種類株式を有している場合には，当該株式を取得条項付株式（会社法108条②6号）とし，経営承継期間の満了をもってその期限とすることができる。

(d)　代表者の行為が経営の承継上問題となった場合にその有する株式について相続人等が行使できる取得条項

　これも納税猶予及び免除特例が取消となるような事由を想定して，取得条項として加えることになる。

4　現実的な対応

　このように考慮すると，2の(1)についてはあまりその効果が期待されないと考えられるので除外し，2の(2)「株主評議会」の設置，及び3の「種類株式の発行」についての導入が検討されるべきである。また「株主評議会」についてはその運営に伴う費用増加が見込まれるので，それを会社や株主が負

担しきれない場合には「種類株式の発行」を導入せざるを得ないと想定される。よって制度化する際には，「株主評議会」と「種類株式の発行」の選択適用が望ましいであろう。ただし，これは「非分離・親族型」との公平を図る意味からも，5年間の経営承継期間のみ強制すればよいと考えられる。

　株主評議会を設けることは，「かえって制度の複雑さを増長する」，あるいは「小規模の会社においてはその費用対効果が見合わない」という批判も考えられるが，日本のファミリービジネスにおけるガバナンスの発展と，株主の会社所有者としての立場を貫くためには株主評議会の採用が望まれる。

註

1) 経営承継者が代表者から退任，会社の従業員数の減少，経営承継者が筆頭株主でなくなった場合などが該当する（円滑化法施行規則9条）。
2) Leach (2011, p. 132) ではC & J Clark社の例をあげ，「分離型」の体制の中 the family と the board の関係を the council が介在して友好的・効果的に変化したことを述べている。
3) All descendents of the founders who are shareholders or will become shareholders or the beneficiaries of shares held in trust, including their spouses and children, together with bloodline children, adopted children, and children from blended families. (Eckrich, 2012, pp. 81–82).
4) そこでは，イギリスの会社として William Jacson Food Froup, William Grant & Sons, Miller Group, フランスの会社として Groupe Comte-Serres, アイルランドの会社として Musgave Group をあげている。
5) 資本金の額又は出資金の額が1億円以下の法人については，年間600万円の定額控除限度額がある。ただし，定額控除限度額に達するまでの金額についても10％は損金の額に算入されない。
6) 会社法上は役員ではなくとも，経営承継人は当然に所有割合50％超の第一順位の株主グループに属するため，その給与は役員給与とみなされる（法人税法施行令7条，71条）。
7) 現在の財産評価通達においては，議決権の価値は考慮されておらず，議決権のない株式も議決権付株式と同様に評価される（国税庁課税部資産評価企画官資産課税課審理室，平成19年3月9日「種類株式の評価について（情報）」）。

おわりに

　このように，日本法は「応能負担原則」の考え方に立脚して，その制度を改めるべきである。そして「分離型」の導入は早急に実現すべきである。

　なお，本書で扱った問題以外では，そもそも納税猶予であること，及び，納税猶予が打ち切りになった場合に利子税を課すこと，については今一度議論されるべきと考える。すなわち，これらはあまりにも将来の負担増について不安をあおるものであり，また，課税行政も複雑化すると思われるからである。

　非上場株式の評価についても，財産評価通達に準拠していることを問題としてあげたが，準拠しない場合における具体的な評価方法が，ドイツのような「評価法」の立法も含めて，より議論されるべきであろう。

　さらに納税猶予及び免除特例は，非上場企業が有する海外子会社への出資分については適用されない（措法70条の7②五）。これは生産や営業拠点を海外に有している非上場会社にとっては重大な問題であり，この点についても再検討が必要であると考えているが，TPP参加への交渉が進むのであれば，EUのように加盟国間で協議し，租税条約等によって何らかの措置をとることもあり得よう。

　また，事業承継税制の枠を超えてしまうが，日本が採用している「遺産取得課税方式」では，そもそも相続税は所得税の補完的な税として考えられるものであるから，日本における所得税と相続税の規定を再度整理し，相互に矛盾が生じない方向に改める必要があろう。その矛盾の例としては本書でもふれたように，

　「取得に際して相続税・贈与税が課された資産について，取得者がその後当該資産を譲渡した場合に，当該取得者の取得価額は，相続や贈与時点の評価額ではなく，贈与者や被相続人の取得価額を引き継いだものとされ，それ

が譲渡価額から差し引かれて譲渡所得が計算される。」
という扱いについて，筆者は大きな疑問を感じている。つまり，そこにおいては相続税・贈与税の計算基礎となった評価額と，譲渡所得を構成する売却益部分が重複することがあり，現行法では同一の課税要素に対し相続税と所得税の両方が課されてしまうため，結果的に「経済的に見た二重課税」になっていると考えている。これはいわゆる年金二重課税事件について，最高裁平成22年7月6日第二小法廷判決では所得税法9条①15号（現行法16号）に定める「相続，遺贈又は個人からの贈与により取得するもの」について所得税を課さないとする趣旨は，「相続税または贈与税の課税対象となる経済的価値に対しては所得税を課さないこととして，同一の経済的価値に対する相続税または贈与税と所得税の二重課税を排除したもの」としており，これに照らし合わせてもより議論されるものであろうし[1]，同様の問題はドイツおいても提議されている（例えばCrezelius, 2012, p.7）。

　今後も筆者は非上場会社における経営の承継の問題について日本法の研究を進めるが，その円滑化のためには相続税法にとどまることなく，ファミリービジネス論をも含めた研究が必要であると考えている。ただ，筆者のそのような研究に対しては，そもそも経営者や資産家の法定相続人であるだけで，経営や多くの財産を承継できること自体が，「社会的な不平等さが払しょくしえない」という意見も耳にするところではある。本書で述べたように，課税立法の理論として「応能負担原則」に基づき，当該資産の担税力についてのみ着目して課税を行えば，非上場株式の承継に関する税負担は軽減される。しかし課税理論を別とすれば，当該株式以外の相続財産が潤沢にあり，軽減しなくとも十分に納税ができるという状態にある場合では，これは資産家に対する優遇ととらえる向きもあろう。

　しかし，それに対するひとつの回答として大野（2001, 33頁）は次のように述べている。

　「イギリスの経済学者であり思想家でもあったマカロックは，「不平等」こそが社会の発展をもたらすと主張しました。この考え方は含蓄に富む思想を

内包しています。彼の主張によると，現在貧しき者は世間並みの者や富者の階段まで社会的移動を達成しようと並みの人以上の努力で働くことになります。したがって，この者は社会的にも陶冶され望ましき市民として遇されるでしょう。他方で，現在では世間並やそれ以上の生活を営んでいる者は現在の地位を喪失しないように働かなければなりません。もし努力を怠るならば，たちまちのうちに貧者にならなければなりません。かようにして富者も貧者も努力し工夫を凝らしますから，社会は次々と登場するイノベーター（革新者）により発展する事になります。一見パラドクスのように思われますが，社会の本音はその辺りにあるのかもしれません。」

筆者自身は経営や財産を承継したことがない身であるが，これまでの社会経験からこの意見に賛同する。よって，そのような不平等感についての具体的対応は，現在は研究において考慮していない。

租税立法論は別として，もともと経営の承継について，何らかの法的手当てが必要だとされる背景のひとつには，非上場会社の株式の円滑な相続のためには，用意周到な計画と，労力，資金を必要とすることが多く，ある意味それは経営とは直接関係のないものであるから，必要悪なものと考えられていることにも起因する[2]。日本経済の将来についてますます不透明さと困難さを増している現在の状況にあって，非上場株式を所有する経営者が次世代への経営の承継に際して不可避的に生じる税務上の負担に苦慮すること自体が大きな経営の足かせであり，経済社会における損失であるともいえる。

日本の非上場会社であっても，経営のグローバル化は当然に行われており，そのような情勢において経営の承継における税務上の問題を解決するために，経営者の限りある時間と労力，資力を費やすことは，それだけで諸外国に対してハンディを負っていることになる。さらに今後は日本の非上場会社がかような問題を背負っていることについて，取引相手である諸外国の企業がそれを欠点として着目し，長期的な視野に立った取引が拒絶されるという可能性も出てこよう。このような事態は回避されなければならない。

日本は高度成長が終わり，人口も減少し始めたことから，成熟した国家に

なってきていると考えている。そのような中で，起業家や非上場会社を取り巻く人々の士気を鼓舞し，雇用を安定させ，より経済的発展を目指すためには，事業承継税制のさらなる改正が必要であると考えている。

註

[1] 酒井（2013，20頁）によれば，相続した土地の含み益への譲渡所得課税の二重課税問題について，東京地裁は平成25年6月20日判決（平成24年（行ウ）第243号事件）で二重課税にあたらないとしたが，年金二重課税問題の最高裁判決の趣旨から考えると，「極めて重要な論点を提示している」と述べている。

[2] 「私も，日商を始め商工会議所の経営者の方と意見交換をするときには，ますそういうことをはっきり言われます。何でこんなつまらないことで苦労しなければならないのか，というのが経営者の実感です。」（品川，2008b，17頁）。

引用文献

Baumann, W., Seer R. and Krumm M., *Fachberater für Unternehmensnachfolge (DStV e.V)*, Erich Schmidt Verlag, 2011.
Birk, D., "Leistungsfähigkeitsprinzip", *Leitgedanken des Rechts Paul Kirchhof zum 70. Geburtstag Band II Staat und Bürger*, C.F. Müller, 2013.
Boadway, R., Emma C. and Carl E., *Taxation of Wealth and Wealth Transfers*, 2008. (www.ifs.org.uk/mirrleesreview)
Collins, L., "The Family Business", *The Modern Family Business Relationships, Succession and Transition*, 3-44, New York: Palgrave Macmillan, 2012.
Crezelius, G., *"Erbschaftsteuer auf Unternehmensvermögen"*, Juris, 2012.
Davis, L. P. and Worthington S., *Gower and Davis' Principles of Modern Company Law*, 9th ed., Thomson Reuters, 2012.
Del Giudice, M., Peruta R. D. M. and Elias G. C., *Knowledge and the Family Business*, Springer, 2011.
Drucker, F. P., *Management*, Butterworth-Heinemann, 1974.
Eckrich J. C. and McClure L. S., *The Family Council Handbook*, Palgrave Macmillan, 2012.
Finney, J. M., *Wealth Management Principles, The UK Tax Principles*, Wiley, 2008.
Greenfield, K., *The Failure of Corporate Law*, The University of Chicago, 2006.
Gunn, M., *Tolley's Inheritance Tax 2012-2013*, LexisNexis, 2012.
Halaczinsky, R., *Die Erbschaft-und Schenkungsteuererklärung*, nwb, 2010.
Harris, T., *Business and Agricultural Property Relief*, 5th ed, Hampshire: Bloomsbury Proffesional, 2011.
Holmgren, R. J., "21st Century Business Succession Planning Strategies," *Family Business Succession Planning*, Aspatore, 2010.
Horschitz, H., "Groß Walter, Schnur Peter," *Finanz und Steuern Band 13 Bewertungsrecht, Erbchafsteuer, Grundsterer. Schäffer*, Poeschel, 2010.
Kenyon-Rouvinez, D. and Ward L. J., *Family Business Key Issues*, Palgrave Macmillan, 2005.
Leach, P., *Family Business the Essentials*, Profile Books, 2011.
Leach, P., *Family Councils A Practical Guide*, Institute for Family Business, 2012.
Lee, N., *Revenue Law: Principles and Practice*, 28th ed., Bloomsbury Professional, 2010.
OECD, *Revenue Statistics 1965-2010*, 2011.

Rawls, J., *A Theory of Justise*, Hrvard University Press, 1999.
Tagiuri, R. and Davis J. A., "On the Goals of Successful Family Companies," *Family Business Review*, Vol. 1, Spiring, 43–62, 1992.
Viskorf, H. U., Knobel, W., Shuck, S. and Wälzholz, E., *Erbshaftsteuer-und Schenkungsteuergesetz, Bewertungsgesetz Kommentar*, NWB, 2012.
Wallington, R., *Foster's Inheritance Tax*, LexisNexis, 2012.
浅野幸治「マカフェリーの相続税廃止論」『豊田工業大学ディスカッションペーパー第4号』豊田工業大学人文科学研究室，2009年。
天野史子「ドイツ相続贈与税法と資産取得課税について」『立命館法學』320号，318-421頁，2008年。
井上彰「分配的正義とその批判—ロールズVSノージック—」，井上達夫他『正義を問い直す』（学術俯瞰講義），Todai OpenCourseWare, 2011年。http://ocw.u-tokyo.ac.jp/lecture_files/gf_24/6/notes/ja/06_inoue.pdf
右山研究グループ『新事業税制のすべて—その誕生から現在まで—』大蔵財務協会，2009年。
大隅健一郎・今井宏・小林量『新会社法概説〔第2版〕』有斐閣，2010年。
大野正道『企業承継法入門』信山社出版，2001年。
大前研一『最強国家ニッポンの設計図』小学館，2009年。
岡田悟「中小企業の事業承継問題—親族内承継の現状と円滑化に向けた課題—」『調査と情報—Issue Brief—』601号，国立国会図書館，2007年。
奥谷健「ドイツ相続税法の改正と事業承継税制」『税法学』566号，155-178頁，2011年。
落合誠一「株主平等の原則と株主優待制度」『ジュリスト増刊　商法の争点Ｉ』54，有斐閣，1993年。
落合誠一『会社法要説』有斐閣，2010年。
金子宏「税制と公平負担の原則—所得税を中心として—」『ジュリスト』No. 506，20-25頁，1972年。
金子宏『法律学講座叢書　租税法〔第18版〕』弘文堂，2013年。
神崎忠彦・柏原智行・笠間太介・山口徹朗『詳説　中小企業経営承継円滑化法と新・事業承継税制』金融財政事情研究会，2009年。
神田秀樹『会社法〔第13版〕』弘文堂，2011年。
北野弘久『税法問題事例研究』勁草書房，2008a年。
北野弘久「税制の基本原理—私たちは無条件的に無原則的に納税の義務を負うのではない—」『日本税制の総点検』，47-69頁，勁草書房，2008b年。
公益財団法人　全国法人会連合「わが国と主要国における事業承継税制の制度比較検討調査に係る報告書」，2012年。
神山弘行「アメリカにおける遺産税・贈与税改革の変遷と課題」海外住宅・不動産税制研究会『相続・贈与税制再編の新たな潮流』，31-66頁，㈶日本住宅総合センター，2010年。

埼玉弁護士会『新版　遺留分の法律と実務』ぎょうせい，2005年。
財務省『平成25年度税制改正』，2013年。
酒井克彦『フォローアップ　租税法　租税研究の道しるべ』財経詳報社，2010年。
酒井克彦『スタートアップ　租税法〔第2版〕』財経詳報社，2011年。
酒井克彦「相続した土地の含み益への譲渡所得課税の二重課税問題（下）」『税務事例』
　　Vol. 45, No. 10, 15-22頁，2013年。
事業承継ガイドライン検討委員会『事業承継ガイドライン』事業承継協議会，2008年。
事業承継協議会「事業承継税制検討委員会　中間報告」，2007年。
品川芳宣「事業承継税制（納税猶予制度）の意義とその問題点」『税研』142，38-43頁，
　　2008a年。
品川芳宣「事業承継税制と相続制改革の問題点」『租税研究』，16-24頁，2008b年。
渋谷雅弘「ドイツにおける相続税・贈与税の現状」『日税研論集』56号，155-185頁，
　　2004年。
商工中金『中小企業の事業承継に関するアンケート調査　2008年11月調査』，2009年。
末包厚喜「事業承継におけるドメイン変更要因について」『事業承継』Vol. 1, 55-56頁，
　　2012年。
高野幸大「イギリスにおける相続税・贈与税の現状」『日税研論集　2004』，103-154頁，
　　2004年。
高橋英治『ドイツ会社法概説』有斐閣，2012年。
田中浩「事業承継税制のあり方」『租税法研究』第38号，85-106頁，有斐閣，2010年。
谷口勢津夫「財産評価の不平等に関するドイツ連邦憲法裁判所の2つの意見決定」『税法
　　学』35, 153-174頁，1996年。
中小企業庁『中小企業白書』，2006，2012年。
冨永千里『英国M&A法制における株主保護』信山社，2011年。
中川善之助・泉久雄『相続法〔第4版〕』有斐閣，2000年。
中里実「フランスにおける相続税と贈与税」『相続・贈与税制再編の新たな潮流』，113-
　　206頁，㈶日本住宅総合センター，2010年。
中里実・弘中聡浩・渕圭吾・伊藤剛志・吉村政穂『租税法概説』有斐閣，2012年。
中島茂樹・三木義一「所有権の保証と課税権の限界　ドイツ連邦裁判所の財産税・相続
　　税意見決定」『法律時報』68巻9号，47-55頁，1996年。
日本政策金融公庫総合研究所「中小企業の事業承継に関するアンケート結果」，2009年。
日本公認会計士協会「租税調査会研究資料第1号　種類株式の時価評価に関する検討」，
　　2007年。
橋本守次『新訂版　ゼミナール　相続税法』大蔵財務協会，2011年。
平川忠雄・佐藤悦緒「特別対談Ⅰ経営承継円滑化法への実務からのアプローチ」『循環速
　　報税理』16号，2008年。
増田英敏『リーガルマインド租税法〔第4版〕』成文堂，2013年。
三木義一『日本の税金　新版』岩波新書，2012年。

三木義一・末崎衛『相続・贈与と税〔第2版〕』信山社,2013年。
水野忠恒『租税法〔第5版〕』有斐閣,2011年。
宮脇義男「相続税の課税方式に関する一考察」『税大論叢』57号,437-526頁,2008年。
持田信樹『財政学』,東京大学出版会,2009年。
山田ちづ子「ドイツ相続・贈与税制の新展開―住宅・不動産をめぐる新たな課税スキーム―」『相続・贈与税制再編の新たな潮流』,67-111頁,㈶日本住宅総合センター,2010年。
吉村典久「応能負担原則の歴史的展開」『法学研究』63(12),353-371頁,慶應義塾大学法学研究会,1990年。
吉村典久「ドイツにおける相続税の歴史―外国の遺産取得税(ドイツ)―」『日税研論集』61号,209-263頁,2011年。
渡瀬義男「租税優遇措置―米国におけるその実態と税制を中心として―」『レファレンス』No. 695,7-27頁,2008年。

■著者紹介

平　野　秀　輔（ひらのしゅうすけ・Shusuke Hirano）

博士（学術）中央大学（Doctor of Philosophy, Chuo University）
公認会計士　（Certified Public Accountant）
税理士　　　（Certified Public Tax Accountant）

〈略　　歴〉
1960年　千葉県に生まれる
1985年　公認会計士登録
1986年　税理士登録
2014年　中央大学大学院戦略経営研究科ビジネス科学専攻（博士後期課程）修了

〈主　　著〉
『財務管理の基礎知識　第2版増補版』（白桃書房，2011年）
『財務会計（第4版）』（白桃書房，2014年）

■非上場株式に関する相続税・贈与税の問題点
――応能負担原則からの考察と分離型の導入――　　〈検印省略〉

■発行日──2014年9月16日　初版発行

■著　者──平野秀輔

■発行者──大矢栄一郎

■発行所──株式会社　白桃書房
　〒101-0021　東京都千代田区外神田5-1-15
　☎03-3836-4781　℻03-3836-9370　振替00100-4-20192
　http://www.hakutou.co.jp/

■印刷・製本──藤原印刷

© Shusuke Hirano 2014　　Printed in Japan
ISBN978-4-561-46175-3 C3034

本書のコピー，スキャン，デジタル化等の無断複製は著作権法上での例外を除き禁じられています。本書を代行業者等の第三者に依頼してスキャンやデジタル化することは，たとえ個人や家庭内の利用であっても著作権法上認められておりません。

JCOPY　〈㈳出版者著作権管理機構　委託出版物〉

本書の無断複写は著作権法上での例外を除き禁じられています。複写される場合は，そのつど事前に，㈳出版者著作権管理機構（電話 03-3513-6969，FAX 03-3513-6979，e-mail: info@jcopy.or.jp）の許諾を得てください。

落丁本・乱丁本はおとりかえいたします。